シュタイナー 根源的霊性論

Rudolf Steiner

バガヴァッド・ギーターとパウロの書簡

ルドルフ・シュタイナー

高橋 巖［訳］

春秋社

目次

シュタイナー　根源的霊性論

バガヴァッド・ギーターとパウロの書簡

バガヴァッド・ギーターとパウロの書簡

全 五 講

ケルンにて

1912年12月28日～1913年 1 月 1 日

第一講

一九一二年一二月二八日

今日《きょう》の私たちは狭義での人智学協会設立の出発点に立っています。こういうときだからこそ、私たちの課題の重要性をあらためて思い起こすことが大切なのではないでしょうか。人智学協会が近代文化のためにあろうとしていることは、私たちが、神智学のサークルのメンバーとしてこれまで行《おこな》ってきたことと、原則的に、何の違いもありません。けれども今、新しい名称に変えるのは、さらに、現代という私たちの精神の流れの中で働くときの本気とやり甲斐を、あらためて私たちの魂に思い起こさせるためなのです。そして今回の連続講義のテーマも、今述べた思いから選ばれました。

私たちが人智学運動を始めるにあたってとり上げるこのテーマは、現代の文化生活にとっての私たちの精神の流れの重要性を思い起こしていただくのに特別ふさわしいものです。

おそらく皆さんの中には驚かれる方がいらっしゃると思いますが、私たちのテーマは、一見したところひどくかけ離れている二つの精神の流れを関連づけようとしています。一方は偉大な東洋の詩「バガヴァッド・ギーター」、もう一方はキリスト教の設立に特別深い関わりをもつ「使徒パウロの書簡」です。

この二つの精神の流れを、ごく身近かに認識していただくために、今日は導入として、私たちの現代に対して、一方で偉大なバガヴァッド・ギーターが、他方でキリスト教の出発点になってくれたパウロの思想が、どのように働きかけているかを考えてみようと思います。

私たちの現在の精神生活は、多くの点でつい最近までの過去とは違っているのです。そして、つい最近までの過去の精神生活と現在の精神生活とのこの違いこそが、神智学もしくは人智学の精神の流れを必要なものにしているのです。

考えてみて下さい。それほど遠くない過去の人がその人にとっての現在の精神生活に関与しようとしたとき、――このことを私はすでにバーゼルとミュンヒェンでの連続講義で取り上げましたが（訳註『マルコ福音書』〔バーゼル、一九一二年〕と『秘儀参

入について　永遠と瞬間について　霊の光と生の闇について』〔ミュンヒェン、一九一二年〕）――過去の三つの千年期、キリスト紀元前の千年とそれからキリスト精神の流れの中で経過した二千年――これはまだ完全には過去になっていませんが――、この三千年に対して、どのような態度をとっていたでしょうか。

それほど遠くない過去の誰かは、こんにちの私たちのように、神智学もしくは人智学の精神の流れの存在意味を語ることのできなかった当時の誰かは、何を語ることができたでしょうか。

その人はこう語ることができるだけでした。――「現代の中に働きかけているのは、せいぜい西暦紀元前の千年間に見出せるものばかりだ。西暦紀元前の千年間よりもっと以前の精神生活にとって、個人の存在は意味をもっていなかった。それ以前の精神生活は、今なおいろいろ、偉大な、圧倒的に偉大な輝きを私たちに投げかけているが、人格、個性はその精神生活の中では、際立った現れ方をしていない。」

その人がまだキリスト紀元前の千年にまで達していない過去に眼を向けると、古代エジプト、またはカルデア＝バビロニアの精神の流れが見えてきますが、そこでは、互いに関連し合った精神生活しか姿を現わしていません。一人ひとりの個性が、傑出した存在として、精神的に生きいきと姿を現わし始めるのは、古代ギリシアの精神生活からだったのです。

エジプト時代、カルデア＝バビロニア時代については、偉大な、圧倒的な教え、圧倒的な宇宙展望が体験できますけれども、ギリシアになって初めて、ソクラテス、ペリクレス、フィディアス、プラトン、アリストテレスのような個々の人格が現れてきたのです。

個人が登場するのです。このことはこれまでの三千年間の精神生活のかけがえのない特徴です。重要な人物が現れるだけではありません。一人ひとりの人格が与える個別の印象が大事になるのです。

この三千年において初めて、人格そのもののありようが問題になりました。人格が精神生活に関与しようとします。個々の人格が精神の諸潮流を通して、内的な慰め、希望、平和、内的な浄福感、内的な確信を見出だすことによって、精神生活そのものが意味を持つようになったのです。

比較的最近までは、個人から個人へと続く歴史だけに関心を持つことができたので、この三千年よりも以前の事柄に関しては、この三千年間の歴史ほどに透徹した理解をもつことができませんでした。人びとが身近かに感じることのできた歴史は、ギリシア以後の歴史でした。そして第一の千年期から第二の千年期への転換期に、イエス・キリストと結びついた事件が生じます。

第一の千年期に生じたギリシア文化には大きな特徴がありました。すなわち、ギリシア文化の発端には、秘儀が存在していたのです。秘儀に端を発するもの——これまでしばしば述べてきましたが——、それがギリシアの偉大な詩人たち、哲人たち、あらゆる分野の芸術家たちに流れていきました。実際、アイスキュロス、ソフォクレス、エウリピデスを理解しようとするのなら、この人たちの創作の根本を秘儀の中に求めなければなりません。ソクラテス、プラトン、アリストテレスを理解しようとするのなら、この人たちの哲学もその根本を秘儀の中に求めなければなりません。ヘラクレイトスのように霊的な人物だけではないのです。（ヘラクレイトスがいかに秘儀の上に立っているかについては、『神秘的事実としてのキリスト教』の中で取り上げました。）

さらに、次の千年期になると、キリスト衝動が精神の進化の中に働きかけます。この第二の千年期に、キリスト衝動は次第にギリシア文化を生きた伝統として、生きた生命の働きとして受容します。ギリシアの叡智、ギリシアの感情、ギリシアの芸術家精神とキリスト衝動とが有機的に結びつくのです。これが第二の千年期の流れです。

次いで、人格文化の時代である第三の千年期が始まります。この第三の千年期になると、ギリシア文化はこれまでとは違った仕方で働きかけてきます。ラファエロ、ミケランジェロ、レオナルド・ダ・ヴィンチのような芸術家の場合に、そのことがよく現れています。第三の千年期になると、ギリシア文化は、第二の千年期のように、キリスト教と共に生き続けるのではありません。第二の千年期の人は、ギリシア文化を偉大な歴史上の事実として、外から考察し、受容しました。第三の千年期の人は、ギリシア文化に直接向き合いました。レオナルド、ミケランジェロ、ラファエロは、発掘された偉大なギリシアの芸術作品群を直接自分に作用させ、ギリシア文化をますます意識的な仕方で受容するのです。第二の千年期では、なかば無意識に受容していたのですが、第三の千年期になると、意識的に、ますます意識的に受容するようになります。

ギリシア文化がどれほど意識的にキリスト教的世界観の中に受容されたかは、例えばトマス・アキナスのような哲学者にも見てとれます。彼はキリスト教哲学の伝統をアリストテレスの哲学と結びつけました。この場合も意識的な仕方で、ギリシア文化とキリスト教が、――ラファエロ、ミケランジェロ、レオナルドの場合は芸術形式をとってでしたが――ここでは哲学形式をとって、融合しています。

この融合は、精神生活のいたるところで、ジョルダーノ・ブルーノやガリレオのように宗教的に対立する場合にも、現れています。ギリシアの理念や概念は、特に自然観との関連で、いたるところに現れています。第三千年期の人びとは、ギリシア文化を意識的に吸収したのです。

しかしギリシア文化以前にまで遡ることはありませんでした。学問、教養のあるなしに関わりなく、すべての人の魂の中に、ギリシア文化とキリスト教とを意識的に融合させた精神文化が生きていました。大学から農家まで、ギリシア的＝キリスト教的な考え方、感じ方が概念（言葉）も含めて受容されたのです。

ところが一九世紀になると、特別の事態が生じました。そしてこの事態に形を与え、生命を吹き込むためにこそ、神智学または人智学があるのです。

このことはある出来事の場合に、よく見てとれます。あのすばらしいバガヴァッド・ギーターがはじめてヨーロッパに紹介されたのです。一九世紀の優れた思想家たちは、キリスト紀元前一千年よりも古い、秘儀に直接由来するこの詩文の偉大さ、内容の深さに圧倒され、心をうばわれました。ヴィルヘルム・フォン・フンボルトのような深い人格が、この詩を知ったとき、これは自分の知る限りもっとも深い哲学詩だ、と言いました。さらにすてきなことを彼は語りました。太古の聖なるオリエントの叡智が響いている偉大な精神の詩文、バガヴァッド・ギーターを今知ることができた、長生きしてよかった、と言いました。

徐々に、まだそれほど広くは知られていなかったとしても、太古の古代東洋の叡智の多くが、バガヴァッド・ギーターを通して、一九世紀のヨーロッパ人に注ぎ込まれたことは、何とありがたいことでしょうか。実際、バガヴァッド・ギーターは古代東洋から伝えられた他の諸文献とは違うのです。他の諸文献は常に、東洋の思考、感情をあれこれの観点から私たちに語ってくれます。バガヴァッド・ギーターは、「これは東洋の思考、感覚、感情のあらゆる方向、あらゆる観点の融合である」、と言えるものを私たちに示してくれるのです。これがバガヴァッド・ギーターの重要な意味なのです。

古代インドに眼を向けてみましょう。それほど重要でないものを除外すれば、まず三つのいわばニュアンスの異なる精神の流れが、おぼろな太古のインドから見えてきます。初期のヴェーダと後のヴェーダ系詩文の中でさらに展開されている精神の流れが第一です。この流れについては、すぐに取り上げます。第二の精神潮流はサーンキヤ哲学です。そして最後はヨーガです。ヴェーダ、サーンキヤ、ヨーガの三つの流れ、これがもっとも重要な三つの東洋の精神の流れです。カピラ（Kapila）のサーンキヤ哲学、パタンジャリのヨーガ哲学そしてヴェーダ、この三つはそれぞれ特定の性格をもっていますから、それぞれ特別のあり方を示しておりますが、それぞれがそれぞれの特別のあり方において偉大なのです。

バガヴァッド・ギーターの場合は、この三つの精神潮流のすべてが互いに調和し、互いに浸透し合っています。ヴェーダ哲学が言おうとしたことは、バガヴァッド・ギーターの中に輝いています。パタンジャリのヨーガが人に伝えようとしたことは、バガヴァッド・ギーターを通してはっきり見えてきます。しかもそれらがごちゃまぜになって現れるのではなく、三つに分節化され、ひとつの有機体になって、互いに調和的に融け合っているのです。もともとひとつのものであったかのようにです。

バガヴァッド・ギーターの偉大さは、この東洋の精神生活が一方ではヴェーダから、もう一方はカピラのサーンキヤ哲学から、第三の方からはパタンジャリのヨーガから流れ込むのを、見事な、包括的な仕方で語っているところにあるのです。

そこでまず、この三つの精神の流れの一つひとつを、簡潔に性格づけておこうと思います。

ヴェーダの思潮は、徹底した統一哲学であり、考えうる最高の霊的一元論です。この一元論、霊的一元論がさらに、ヴェーダンタとして拡充され、ヴェーダ哲学になったのです。ヴェーダ哲学を理解しようとするなら、まずヴェーダ哲学の出発点を知らなければなりません。すなわち、人間そのものの中には本来の自己というもっとも深いものが見出せる、ということをです。人間が日常生活の中に見出す自我は、この本来の自己の一種の表現もしくは模像なのです。そして人間は進化します。人間の進化とは、魂の地下から本来の自己という深いものをますます取り出すことなのです。

人間の中には高次の自己がまどろんでいます。この高次の自己は、現在の人間が直接知っているものなのではなく、人間の中で今なお働いている何か、そこへ向って人間が進化していく何かなのです。

人間はいつか、自分の中で自己として生きているものを手に入れたなら、――ヴェーダ哲学に従えば——この自己が万有を包摂する宇宙自己と同じものであることに気づかされるでしょう。人間はみずからの自己とともに、この万有を包摂する宇宙自己の中にやすらいでいる、というか、人間の自己は、そもそも、この宇宙自己とひとつなのです。そして呼吸をするように、二重の仕方で自分の存在をこの宇宙自己に関わらせているのです。

肉体が息を吸ったり、吐いたりするときのように、ヴェーダ派は人間自己と宇宙自己との関係をイメージしています。人が息を吸ったり、吐いたりするとき、外にはいたるところに空気があり、内にも私たちの吸った空気があります。そのように、外にはすべてを包摂する、そしてすべてを生かす自己があります。そして私たちが宇宙のこの霊的自己の考察に没頭するとき、この自己を吸い込みます。この霊的自己についてどんな感じ方をするにせよ、そのときの私たちは、霊的に、この自己を吸い込むのです。自分の魂の中へ取り込むすべてと一緒に、この自己を吸い込むのです。

すべての認識、すべての知識、すべての思考と感情は、霊的に呼吸しています。そして私たちが一片の宇宙自己として私たちの魂の中へ取り込むもの、有機的にこの宇宙自己と結びついているもの、それこそがアートマンなのです。呼吸（ドイツ語のアートメン）は、私たちの場合、一片の空気を吸ったり、吐いたりすることですが、その空気と大気中の一般の空気とは区別できません。私たちの中のアートマンにも同じことが言えます。私たちの中のアートマンと宇宙のすべてを支配する自己とを区別することはできません。そして私たちの肉体が空気を吐き出すように、私たちの魂は敬虔さを外へ捧げます。魂はみずからの敬虔さによって、祈り、帰依しつつ、自分の持つ最上のものをこの宇宙自己に捧げます。

この霊的に「息を吐く」行為は、ブラフマンです。アートマンとブラフマンが、息を吸うこと、吐くことと同じように、私たちを、万象を支配する宇宙自己に関与させているのです。

この一元論的＝霊的な哲学、同時に宗教でもあるこの哲学は、今、ヴェーダ主義として私たちの前に立っています。このヴェーダ主義の花と実は、人間に浄福感を与え、この上なく深いところ、高いところに心を落ち着かせてくれる、あの一体感です。いたるところで、宇宙を支配し、宇宙に浸透する宇宙自己との一体感、宇宙の統一的本性との一体感です。

ヴェーダ主義は、人間と宇宙統一性とのこの関係を教えます。つまり人間が偉大な霊的宇宙全体の中に生きているということをです。教えるのは、ヴェーダのコトバであるというよりも、――なぜならヴェーダとはコトバのことなのですから――コトバであるヴェーダなのです。コトバであるヴェーダ、ヴェーダすなわちコトバが、ヴェーダ的にイメージすれば、すべてを支配する統一存在によって吐き出されました。そして人間の魂は、そのコトバを、認識の最高形態として自分の中に取り入れているのです。

ヴェーダ＝コトバを受容することによって、すべてを支配する「自己」の最上の部分が受容でき、そして個々の人間自己とこのすべてを支配する宇宙自己との関連を意識するようになるのです。

ヴェーダが語るのは、神のコトバ、創造的な神のコトバです。そしてこのコトバが人間の認識の中に生まれ変わります。ですから人間の認識は、創造の原理、つまり宇宙に生命を与え、宇宙を貫いて働く原理の下に行われるのです。

したがってヴェーダに記されているのは、神のコトバだったのです。そしてこの神のコトバを心の中に浸透させている人は、神のコトバの所有者です。神のコトバは霊的な仕方でこの世に来ました。そして、ヴェーダの書［複数］の中に存在しています。

これらヴェーダの書を自分の心に深く浸透させる人は、宇宙の創造原理を宇宙と共有しているのです。

サーンキヤ哲学の場合、問題は別のところにあります。伝承の伝えるサーンキヤ哲学に向き合うなら、そこで出会うのは、まず第一に一元論とは正反対の教えです。サーンキヤ哲学との類比を哲学史の中で求めるなら、さしづめライプニッツの哲学がそれにあたります。サーンキヤ哲学は多元論の哲学なのです。

サーンキヤ哲学は、私たちの出会う個々の魂を、人間の魂でも神々の魂でも、統一的な根源にまで辿ろうとはしないで、いわば永遠に存在する個々の魂、「プルシャ」として捉えるのです。あるいは、少なくとも、魂のはじまりを統一性に求めたりはしないのです。

魂の多元論が、サーンキヤ哲学の中で、私たちに向き合い、語りかけてきます。個々の魂の独立性がはっきり強調されます。その魂の存在と本質は、宇宙（世界）の中で周囲から隔離されたまま、進化していくのです。

サーンキヤ哲学の中には、この魂、プルシャの多元性に対応した、「プラクリティ」（根源物質）という概念があります。プラクリティは近代用語としての「物質」と同じではありません。なぜなら近代用語としての「物質」は、唯物論的に理解されているからです。サーンキヤ哲学におけるプラクリティは、魂の多元性と対応しており、ふたたび統一性へ還元されるような、抽象概念なのではありません。

私たちはまず魂（プルシャ）の多様性と、それから物質基盤ともいうべきプラクリティを学びます。この物質基盤は、いわば宇宙を空間的、時間的に貫通して流れる「根源の流れ」のようなものです。魂〔複数〕は外的生存のための諸元素を、この流れの中から取り出し、この元素という物質でみずからを装《よそお》わなければならないのですが、この元素は、魂そのものを統一性へ還元するわけではありません。

このようにサーンキヤ哲学では、この物質化を可能にする諸元素が主要なテーマになっています。サーンキヤ哲学は、眼を個々の魂に向けてはいません。個々の魂は、現実の中で個別に存在していますが、物質基盤に結びつき、物質基盤に巻き込まれています。そしてこの物質基盤の中で多様極まりない形態をとり、外へ向けて、さまざまな姿かたちを示しています。

ある魂は物質的な基本元素を身にまとっています。この基本元素も個々の魂も、いわば永遠の観点から考えられています。この物質的な基本元素の中で、魂的なものが表現され、そのことによって、この魂的なものは、さまざまな形をとることができるのですが、そのような魂的なものと結びついた物質の諸形態を研究することが、サーンキヤ哲学の主要課題なのです。

その場合、第一に出会うのは、この物質元素のもっとも根源的な形態です。それは一種の霊的な根源の流れのようなもので、魂、プルシャはまずその流れの中に入っていきます。

ですから進化の最初の諸段階に眼を向けるなら、まず初めに、物質元素のいわば未分化のものに出会うでしょう。そして魂は、そこに沈み込みながら、更なる進化を遂げるために、多様化していくのです。私たちの出会う最初の段階は、根源の流れの統一的な、まだ未分化の状態であり、それは進化の出発点にある霊的実体そのものなのです。

次の段階は、ブッディです。そこでの魂は個別的にブッディを身にまといます。根源の流れの実体を身にまとった魂の現れは、根源の流れの一般に波打つ要素と区別がつきませんが、魂は、一般に波打つ根源の流れに留まるだけでなく、次なる存在形態、つまりブッディに包まれることもできるのです。

基本物質の第三段階は、魂がますます個体化されていくことを可能にしてくれるアハンカーラです。ここでの根源物質は、さらに個別的な形態を示しています。つまり根源物質の第二の形態がブッディであり、第三の形態がアハンカーラであり、そしてその次の形態はマナスであり、その次の形態は感覚器官［複数］です。さらにその次の形態はより精妙な諸元素であり、そして最後の形態は、私たちが物質環境を形成する物質素材としての諸元素です。

以上がサーンキヤ哲学の意味での進化の、いわば道筋です。つまり上方には霊的な根源の流れというもっとも超感覚的な元素があり、そこからますます濃縮していきながら、今私たちを取り巻いている物質諸元素にまで至るのです。私たちの人体も、この諸元素から構成されています。

この進化の道筋の中には、例えば私たちの感覚器官となって織り成されている諸成分、諸元素もあり、私たちのエーテル体＝生命体となって織り成されている、より精妙な諸元素もあります。

こういうすべては、サーンキヤ哲学の意味での魂の外皮です。魂はそういう外皮を必要としているのです。そしてサーンキヤ哲学者がブッディ、アハンカーラ、マナス、諸感覚、より精妙な、そしてより粗雑な元素を研究するとき、ますます濃縮していく外皮を研究しているのです。そして魂であるプルシャは、そのような外皮の中でみずからを現すのです。

私たちははっきり理解していなければなりませんが、ヴェーダ哲学やサーンキヤ哲学が私たちにとって大切な文献であるのは、まだ太古の見霊力が存在していた時代、少くともある程度まで存在していた時代に生じたものだからなのです。

そしてヴェーダとサーンキヤ哲学は、異なる仕方で成立しました。ヴェーダは、根源の霊聴に、つまり原人類の中に当然の素質として存在していた霊聴にまったく依拠しています。神から伝えられる霊聴を、人間の本性全体がもっぱら平静な態度で心に受けとめることで与えられたのが、ヴェーダなのです。

サーンキヤ哲学が形成されたときは、そうではありませんでした。その場合は、こんにちの私たちの学習の場合に似ていました。ただ、こんにちの場合は見霊能力が働いているとは言えませんが。当時はまだ見霊能力が作用していました。

ヴェーダ哲学は、見霊科学でした。霊聴として、上からの恩寵を通して与えられました。サーンキヤ哲学は、こんにち私たちが科学を研究するときのように、研究することで獲得できたのですが、まさに見霊能力を持った人たちによって研究されたのです。

ですからサーンキヤ哲学は、本来の魂であるプルシャの要素には直接触れずに、こう語ります。――「超感覚的でありながら、しかも外的な諸形態として研究対象にできるもの、魂はそういう形態をとって現れる。しかしわれわれが研究するのは、外的諸形態の方である。魂はそういう諸形態をとって生きている。」(訳註 プルシャについては、「バガヴァッド・ギーター」第一三章参照)

ですからサーンキヤ哲学の中には、形態についての見事な体系が見出せるのです。形態が世界の中でどのように私たちの前に現れてくるかが体系化されて述べられています。ちょうど私たちの科学の中で、自然の諸事実が体系化されて述べられているようにです。ただサーンキヤ哲学では、諸事実が超感覚的な直観によって考察されているのですが。

サーンキヤ哲学はひとつの科学なのです。それが見霊力によって獲得されたのだとしても、外的形態についての科学に留まっています。あえて魂的なものそのものにまでは考察を及ぼそうとしてはいません。魂的なものを研究対象にしてはいないのです。

ヴェーダに没頭する人は、自分の宗教生活が叡智の生活とひとつになることを感じます。サーンキヤ哲学は科学であり、魂がその中にはっきり示されるところの形態を認識の対象にしています。しかも、この科学の営為の一方で、サーンキヤ哲学の傍らで、魂は宗教的な帰依を保っているのです。しかし、魂のあり方そのものではなく、魂がいかに形態の中に組み込まれるのか、このことがサーンキヤ哲学の中で追究されるのです。

魂がどのようにみずからの独立をより保っているか、もしくはより物質の中に沈潜しているか、サーンキヤ哲学ではこのことが区別されています。魂が物質の中に沈潜しているとしても、その魂が物質形態の中で、どのように魂的な自分を保っているかが区別されるのです。

ある魂的存在が外的形態の中に沈潜していても、魂としてのみずからをあらわしている場合、その魂的存在はサットヴァ状態を生きています。別の魂的存在は外的形態の中に沈潜して、しかも形態にいわば覆いつくされ、形態に逆えない場合、タマス状態を生きています。そして魂的存在が形態の外的なものといわば均衡を保っている場合、ラジャス状態を生きています。

サットヴァ、ラジャス、タマス、この三つのグナ（要素）がサーンキヤ哲学と呼ばれているものの本質的な特徴を示していると言えます。

ヨーガと呼ばれる精神の流れは、さらに別の流れです。ヨーガは人間の魂的なものそのものに向かいます。直接この魂的なものに向かい、そして魂を直接的な霊的生活の中で把握しようとします。ヨーガにおける魂は、今この世で立っている地点から、ますます高次の魂的存在段階へ昇っていくのです。

サーンキヤは魂の外皮を考察しますが、ヨーガは内的体験のますます高次の段階へ魂を導くのです。

ですからヨーガに没頭すると、魂の高次の力が次第に呼び起こされます。したがって魂は、日常生活の場合とは異なる所に、ますます高次の存在段階を開示してくれる所に身を置くのです。ヨーガは霊界への道であり、魂を外的諸形態から解放してくれる道であり、自分の内部における自立した魂のいとなみへの道なのです。

サーンキヤ哲学の別の側面がヨーガです。ヨーガは、恩寵によって上から来るあの霊聴、ヴェーダがまだ受けとることのできたあの霊聴が、もはや存在しえなくなった時点で、大きな意味を持つことになりました。ヨーガを必要とした魂は、もっと後の時代に属する魂、もはや自分で啓示を受けられず、低次の段階から高次の霊的存在の段階へ自分で昇っていかなければならなくなった魂、そういう魂だったのです。

このように太古のインドの時代からの、三つのはっきり特徴づけられる精神潮流が今、私たちに流れてきています。ヴェーダ、サーンキヤの流れ、ヨーガの流れです。そしてこんにち、私たちは、これらの精神潮流を私たちの時代のために、魂の深みから、宇宙の深みから取り出すことで、これらの潮流をいわばふたたび結び合わせることが求められているのです。

この三つの流れのすべては、私たちの霊学の中にも見出すことができます。私が『神秘学概論』の中で表現しようと試みた内容を読み返してみて下さい。人体の構造について、眠りと目覚めについて、生と死について、はじめの数章で表現しようと試みた内容をです。そうしたら、こんにちの意味でのサーンキヤ哲学が、そこに見出せるでしょう。

さらに土星紀から私たちの時代までの宇宙の進化について述べているところを読んで下されば、私たちの時代にとってのヴェーダ哲学がはっきり打ち出されています。そして人間の進化を扱う最後の数章を読んで下されば、そこに私たちの時代のためのヨーガが見出せるはずです。

私たちの時代は、ヴェーダ哲学、サーンキヤ哲学、ヨーガとしてはっきり区別されて古代インドから私たちに輝きかけてくる三つの精神潮流を、あらためて有機的な仕方で結びつけなければならなくなった時代なのです。

だからこそ、この三つの方向の結びつきを詩的に深められた仕方で表現している、すばらしい詩篇バガヴァッド・ギーターが、まさに私たちの時代に、この上なく深い感動を与えてくれるのです。そして私たちは、バガヴァッド・ギーターの非常に深い内容から、私たち自身の霊的努力と同質の精神性のようなものを見つけ出さなければなりません。私たちのこんにちの精神潮流〔複数〕は、太古からの精神潮流〔複数〕と、全体としてだけでなく、個々の場合においても、通じ合っているのです。

御存知のことと思いますが、私の『神秘学概論』では、問題〔複数〕をもっぱらその問題そのものから取り出す試みがなされています。どの箇所も、歴史上の資料に依拠してはいません。そこで述べられている事柄を本当に理解する人は、土星紀、太陽紀、月紀についての主張のどれも、歴史上の資料に依拠していないことに気づいていると思います。どの主張も、事柄そのものから取り出されているのです。

しかも不思議なことに、私たちの時代において明瞭な特徴を担っている思想が、そのようにして取り出された太古からの流れと、決定的なところ〔複数〕で、共鳴し合うのです。

小さな例をあげてみます。ヴェーダのある箇所に、宇宙進化についての記述があります。ほぼ以下のような内容です。――原初に闇が闇に包まれていた。すべては見分けのつかぬひとつの暗い流れだった。ひとつの圧倒的な空虚が生じ、その空虚のいたるところに熱が浸透していた。

どうぞ思い出して下さい。土星の構造が事柄そのものから取り出されたとき、土星の実体は熱の実体である、と語られていました。

どうぞ、神秘学におけるいわば最近の情報とヴェーダに述べられていることとの、この共鳴を感じとって下さい。『概論』のその次の箇所では、こう述べられています。――そこからまず、思考の最初の種であった意志によって、存在者と非存在者との間に関連が生じた。意志はこの両者の間に、みずからを見出した。

それから皆さん、新しい表現では、意志霊のことがどう語られているかを思い出して下さい。私たちが現在語るべきすべての場合には、古いものとの整合を求めているのではなく、一致点がおのずから生じているのです。なぜなら、真実が古い時代に求められ、同じ真実が私たち自身の場所で求められるのですから。

バガヴァッド・ギーターでは、今述べた三つの精神潮流が詩的に表現されています。世界史の重要な時期に、あの重要な古代の一時期に、クリシュナ自身がアルジュナに偉大な教えを伝えたのです。この時期が重要なのは、その時期に古代の血の結びつきがほどけたのだからです。

皆さん、これからお話ししていくバガヴァッド・ギーターについての講義で述べるすべての場合に、これまでも繰り返して強調してきたことをふまえていただきたいのです。すなわち、太古の時代においては、血の結びつき、人種、種族の強い関係が特別に大きな意味をもっていたこと、そして次第にその強い結びつきが失われていったことをです。私の小冊子『血はまったく特製のジュースだ』(訳註　イザラ書房、一九八三年刊)で述べたすべてのことを、思い出して下さい。

この血による結合がほどけたとき、まさにそのことによって、大きな戦いが生じました。この戦いのことは、マハーバーラタで述べられています。バガヴァッド・ギーターは、この一大叙事詩の中のひとつのエピソードなのです。

バガヴァッド・ギーターによれば、二人の兄弟の子孫たちが、つまり血縁同士が、自分の精神傾向のせいで、分かれてしまいます。かつては血が同じ立場を与えてくれていたのに、その立場が分裂してしまいます。その結果、この分裂を契機として、戦争が生じなければならなくなります。血の結びつきは、見霊認識にとっても意味を失うのです。そしてこの分裂から、その後の精神の地層が生じるのです。

古い血の結びつきがなんの意味も持たなくなった人たちのために、クリシュナが偉大な師として登場します。古い血の結びつきから分かれた、新しい時代の教師としてです。クリシュナがどのような教師となるのか、それについては明日お話しします。今あらかじめ述べておきたいのは、クリシュナが先に述べた三つの精神潮流をどのように自分の教えの中に取り入れているか、バガヴァッド・ギーター全体がこのことを私たちに教えている、ということです。クリシュナは、この三つの精神潮流を有機的統一体として弟子に伝えるのです。

この弟子は一体、どのような弟子なのでしょうか。

彼、アルジュナは、一方では父を見上げ、もう一方では父の兄弟を見上げます。この兄弟の子どもたちは、今はもはや互いに身近かな存在になっていません。互いに分かれ分かれになっています。

しかし今、別の精神潮流もまた、この二つに別れた方向のそれぞれに関与していま す。すなわち、アルジュナの中で心がさわぐのです。――血の結びつきによって結ば れたものがなくなってしまうとしたら、どうなってしまうのか。精神生活が以前のよ うに昔からの血による結びつきの下でいとなまれなくなるとしたら、魂はどのように この精神生活に関与したらいいのか。なにもかも、こわれてしまう、とアルジュナに は思われたのです。みんな変わらなければならなくなる、これまでのようにはいかな い、これがクリシュナの偉大な教えの内実です。

そこで、ある時代から別の時代に生き方を変えなければならない弟子アルジュナの ために、クリシュナは教示します。魂が調和的であるべきなら、三つの精神潮流すべ ての中からどのように何を受容すべきなのかを、です。

私たちはクリシュナの教えの中に、ヴェーダの統一思想だけでなく、サーンキヤ哲 学の本質部分も、ヨーガの本質部分も見出します。そうなのです。そもそもバガヴァ ッド・ギーターから知ることのできるすべての背後に、何があるのでしょうか。次の ようにクリシュナは告知するのです。

「ひとつの創造的な宇宙のコトバがある。そのコトバは創造原理そのものを含んでいる。人間の音声が空気を振動し、波打たせ、空気に生命を与えるように、そのコトバはすべての事物を震動させ、波打たせ、生命化する。そうして存在を創造し、秩序づけたのだ。そのようにヴェーダの原理は、すべての事物の中を吹き渡る。そのようにこの原理は、人間の魂のいとなみの中の人間の認識によって、受け取られる。ひとつの、支配し、結び合わせる創造のコトバがある。ヴェーダの原典の中には、支配し、結び合わせる創造のコトバの再現がある。コトバは宇宙の創造する働きなのだ。ヴェーダの中でそのことが開示されている。」

以上はクリシュナの教えの大切な一部です。人間の魂は、コトバがどれほど存在の諸形態の中で有効な働きをしているかを理解する能力があります。人間の認識は、いかに存在の個々の形態が、法則に従って、霊的＝魂的なものを表現するかを理解します。人間の認識は、そのようにして、存在の法則［複数］を知るのです。

宇宙の諸形態の教え、存在の合法則的な諸形成の教え、そして宇宙法則とその作用の仕方の教え、それがサーンキヤ哲学であり、クリシュナの教えのひとつの側面でもあります。

クリシュナはその弟子に、一方ですべての存在の背後に創造的なコトバがあることを教えますが、他方で人間の認識には個々の形態を認識する力があり、したがって宇宙法則［複数］を自分の中に受け容れることができる、と教えます。

宇宙のコトバ、宇宙の法則、それがヴェーダの中で再現されます。そしてサーンキヤの中では宇宙の諸形態、存在の合法則的な諸形成が認識されます。このことをクリシュナは彼の弟子に開示するのです。

そしてまた、クリシュナは、個々の弟子を高みへ導き上げる道について、アルジュナに語ります。その高みにおいて、個々の弟子は宇宙のコトバの認識に関与できるようになるのです。つまり、クリシュナはヨーガについても語るのです。クリシュナの教えはいわば三重になっています。コトバの教えと法則の教えと霊への敬虔な帰依についてです。

コトバ、法則、畏敬、この三つの流れを通して、魂は進歩していくことができます。この三つの流れは、いつの時代にもなんらかの仕方で人間の魂に働きかけているに違いありません。なぜなら、近代の霊学は新しい仕方でこの三つの流れを求めなければならならないからです。

しかし時代もさまざまに変化します。ですから三つの形をとった宇宙（世界）把握の仕方も、さまざまに変わります。人間の魂に訴えかけるために、クリシュナは宇宙のコトバについて、創造のコトバについて、存在の形成について、魂の敬虔な沈潜について、ヨーガについて、語るのです。

これと同じ三統一が、違った形式をとって、ふたたび私たちに呼びかけています。具体的に、生きいきとした仕方で、ある本性そのものの中で、です。この本性は神の創造のコトバの化身となって地上を放浪したと思われています。

ヴェーダは、理念として、人類に与えられました。ヨハネ福音書は、神的なロゴスのことを、私たちにこう語ります。「生きている。創造的なコトバ自身が！」そしてサーンキヤ哲学の中で、宇宙形態の合法則的な把握として私たちに示されているものは、古代ヘブライの啓示の中で歴史の中に置き換えられ、パウロが「律法」と呼んだものになりました。そして第三のものは、パウロの場合、復活したキリストへの信仰として、私たちに示されています。クリシュナの場合のヨーガは、パウロの場合、律法の代りに生じるべき信仰なのです。

キリスト教の場合、ヴェーダはキリストという直接的な本性になって、立ち現れます。キリストは、空間と時間の拡がりの中に身を移すのではなく、ひとりの人間として、生きたコトバとして、具体的に歴史の中で生きています。サーンキヤ哲学の法則は、物質としての基盤、プラクリティがいかに物質素材となって見える形をとるに至るかを示します。

法則は、いかにして宇宙が生じたのか、そしてこの宇宙の中で、個々の人間がいかにして形成されたのかを開示します。モーゼはこのことを古代ヘブライの律法の教えとして述べています。パウロが教示する古代ヘブライの律法は、サーンキヤ哲学に通じるものを示しています。他方、パウロがキリストの復活への信仰を語るとき、ヨーガに通じるものを信仰として教示しています。

このようにして、ヴェーダ、サーンキヤ、ヨーガが、独特な仕方でよみがえっているのです。

ヴェーダは、生きたコトバとなって現れます。この生きたコトバからすべてが造られました。そして生じたものの中でコトバによらずに造られたものは何もありませんでした。しかしこのコトバが、時の経過する中で、肉になったのです。

サーンキヤは、エロヒームの世界から現象界という粗雑な素材性の世界が生じたという記述になって現れます。

ヨーガは、パウロの場合、「私ではなく、私の中のキリスト」という言葉になって甦ります。この言葉の意味は、キリストの力が魂に浸透し、その魂を受容するとき、人間は神性の高みへ上昇する、ということです。

ここから世界史の統一的な宇宙計画が見えてきます。この計画に従って、オリエントにおいて理想的な形態が提示され、次の千年期にパウロのキリスト教が、注目すべき仕方で、より地上的な形態をとって現れます。

バガヴァッド・ギーターという偉大な詩とパウロの書簡とを結びつけて考察することによって、「人類の教育」全体の中に霊性が支配している、という最高に深い秘密〔複数〕が見えてきます。

私たちは今、新しい時代の中で新しい霊性の働きを感じとらなければなりません。だからこそ、この新しい時代は、古代ギリシアを超えて、西暦前一千年の歴史の背後に隠された秘儀、ヴェーダ、サーンキヤ、ヨーガとして今私たちの前に提示されたものを理解する必要があるのです。

ラファエロは芸術の中で、トマス・アキナスは哲学の中で、古代ギリシアへ向きを変えなければなりませんでした。私たちの時代においては、現代が達成しようとしていることと、古代ギリシアよりもさらに遡るもの、古代東洋の深みの中に沈んでいるものとを、意識して結びつけなければなりません。

私たちが、フンボルトの言う「最も偉大な哲学詩」バガヴァッド・ギーターの中で出会う、あのさまざまな精神潮流のすばらしい調和と統一を考察するとき、古代東洋のこの深さを魂で体験することができるのです。

第二講

ケルン　一九一二年一二月二九日

昨日述べたように、インド人の聖なる歌「バガヴァッド・ギーター」は、使命感をもった人びとから、人類最高の哲学詩であると言われてきました。実際、崇高な詩篇ギーターに没頭する人なら、この言い方を文句なく是認するでしょう。

今回の講義の中で、これからも繰り返して申し上げると思いますが、ギーターは芸術的にもすばらしい特徴を示していますが、特にこの詩篇が重要なのは、その根底に存在する圧倒的な思想故なのです。そこには圧倒的な世界（宇宙）認識が存在しているのです。この詩篇はその世界（宇宙）認識から生まれ、この世界（宇宙）認識を賛美し、普及するために作られたのです。

ギーターのこの認識基盤に眼を向けることは、非常に、非常に重要です。なぜならこの詩篇の本質的なもののすべてが、特に思想内容、認識内容に関わるすべてが、仏教以前の認識段階を示しているからです。ですから、こうも言えます。偉大な仏陀を取り巻く霊的な地平、そこから仏陀が育ってきた霊的な地平が、ギーターの内容を通して私たちに伝えられているのだ、と。

ですからギーターの内容を自分の中に作用させることは、仏教以前の古インド文化の霊的な精神構造に観入することにもなるのです。

先回強調したように、この精神構造の内実は、三つの精神潮流の合流です。しかもその内実は、抽象的ではなく、具体的な生命存在、有機的存在であるかのように、この三つの精神潮流を互いに生きいきと結び合せています。生きいきと互いに影響させ合っているので、この三つの精神潮流が、ひとつの生きた全体となって、私たちの前に立ち現れてくるのです。

そのようにして、私たちの前に太古のインドの思考、認識の流出として、ひとつの全体として立ち現れてくるのは、壮大な、そして崇高な、ひとつの世界観です。それは霊的認識の途方もなく偉大な生命体です。ですから、まだ近代霊学に出会っていない現代の知性は、この知と認識の深みを前にして、ただ怪しい思想だとしか思えないかも知れません。なぜなら、この知と認識の深みに対応する立場を、自分の周囲のどこにも見出せないでしょうから。

実際、通常の近代的な認識手段では、そこに提示されるあの認識の深みには入っていけません。せいぜいそこで語られるすべてを、かつて人類が夢見た美しい幻想であるとしか思えないでしょう。反宗教的な、単なる近代の立場からすれば、せいぜいその夢を美しいと思えることができても、特別の認識価値をそこに見ようとはしないでしょう。

しかし、すでに霊学を自分の中に受容した人なら、ギーターの深い内容に接して、驚嘆しつつ、こう言わざるをえないでしょう。――「太古の時代の人間精神が参入することのできた超感覚世界に、霊学による認識手段で、今われわれはふたたび参入しようとしているのだ。」

だからこそ、かつての時代に存在したこの洞察を前にして、驚嘆せざるをえません。私たちはこの洞察の内容を、宇宙内容そのものからふたたび見出すことで、この洞察の正しさを確認し、そしてこう思わずにはいられません。――「あの太古の時代の人びとがこのような精神の高みにまでみずからを高めることができたとは、何という偉大な行為か！」

御承知のように、あの古代の人びとの魂の中には、抽象的な思考能力とは異なる、太古の見霊能力がまだ生き続けていました。修行によって獲得された、特別の霊的沈潜が霊界へ導いただけでなく、古代の学問そのものが古代の見霊から伝えられた理念や認識に浸透されていたのです。

大切なのは、こう言えることです。――「現代のわれわれは、現代にふさわしい認識手段で、われわれに伝えられた古代の伝承の正しさを認識しようとしている。しかし、あの古い時代には、別の認識手段で、人間本性についての精密な区分を確立し、そして精密な鋭い諸概念を、認識の及ぶ範囲で作り上げることができた。それら古代の諸概念は、明確に輪郭づけられ、そして霊的な現実にも、外的、感覚的な現実にも、厳密に適用することができた。だからわれわれは、いくつかの点で表現をちょっと変えるだけで、こんにちの変化した立場のためにも、その諸概念を用いることができるし、あの古い立場をそのまま受け容れることもできる。」

私たちは、神智学による認識行為に際して、現代の見霊認識の成果に従って事柄を述べようとしています。私たちの霊学は、まさにこんにち、私たちが自分の手で獲得できた手段を用いて事柄を表現しようとしています。

神智学運動の初期においては、神秘学によって直接取り出せる手段を用いて研究するよりも、むしろ東洋で用いられてきた名称や概念、特に東洋においてギーターの時代から現在にいたるまでの長い伝統を通して培《つちか》われてきた用語を用いて研究しました。特にサーンキヤ哲学の用語が使われました。これまで東洋の中で、サーンキヤ哲学は、東洋の思考によってその用語を深めてきましたので、神智学運動は初期から、人間本性について、その他の秘密について、その用語を使ってきました。特に八世紀におけるインド思想の偉大な改革者シャンカラの諸概念が用いられました。

私たちは神智学運動の初期にどういう用語が用いられたのかにこだわるつもりはありません。ギーターを認識するための基盤を獲得するために、今日はむしろ太古のインドの叡智そのものに眼を向けたいのです。そして、そのときに私たちが出会うことができるのが、この古い学問そのものによって獲得された用語、特にサーンキヤ哲学によって獲得された用語なのです。

サーンキヤ哲学が人間の本性をどう見ていたかを知ろうと思ったら、まず、人間本性の根底にひとつの霊的核心がひそんでいるという事実に眼を向けなければなりません。これまでも繰り返して述べてきたように、人間の魂の中には、力［複数］が眠っているのです。その諸力は、未来の人類の進化の過程で、ますますおもてに現れてくるでしょう。

私たちがまず眼を向けることのできる最高の存在、人間の魂からいつか現れるであろう最高の存在は、「霊人」と呼ぶことができます。そしていつか人間の本性が霊人の段階にまで昇ることができたときでも、人間の中に魂として生きているものは、霊人そのものから区別されて存在しているでしょう。ちょうどこんにちの私たちが日常生活の中で私たちの内奥の魂の核心である自我と、この核心を包んでいるもの、つまり、アストラル体、エーテル体、肉体とを区別しているように、です。

これらの体は、莢《さや》として、本来の魂的なものから区別できます。そして魂そのものもまた、こんにちの進化段階においては、感覚魂、悟性魂、もしくは心情魂、そして意識魂に区別できますが、未来における魂は、こんにちの感覚魂、悟性魂、意識魂とは異なる仕方で区分されて、「霊人」を包み込む莢となるでしょう。

しかし、いつか霊人の莢になるであろう存在、いわゆる人間の霊的・魂的な核心である霊人を包み込むであろう莢、そのような莢が意味を持つのは未来のことでしょうが、大宇宙においては、この霊人のための莢は、今でも常に存在しているのです。

私たちの本性を包み込むべき成分は、大宇宙の中でいつでも存在していましたし、こんにちも存在しています。だからこう言えるのです。――「別の本性たちがすでにこんにち、いつか私たちの霊人を形成することになる莢を持っている。」ですから、大宇宙には、霊人を構成するための成分がいつでも存在しているのです。

私たちの立場から述べた以上のすべてを、古代のサーンキヤの教義がすでに述べていました。そのように宇宙に存在しているもの、まだ個別化されることなく、いわば霊的な水流のように、未分化のまま、空間［複数］と時間［複数］とを充たしながら存在しているもの、存在していたし、今も存在し、これからも存在するであろうもの、そこからすべての他の諸形態が生じてくるもの、それをサーンキヤ哲学は「最高の実体形式」と呼びました。これはサーンキヤ哲学の場合、永遠から永遠へと引きつがれていく実体のあり方なのです。

そして以前、「創世記」の霊学的基礎づけについてミュンヒェンで行った連続講義の中で述べたように、地球の進化の出発点で、未来に生じることになるすべてが、霊的本性として、霊の中で本質的に存在していたのですが、それと同じことを、サーンキャ哲学は、「原成分」、「根源の流れ」と述べました。サーンキャ哲学によれば、物質であれ、超物質であれ、一切のその他の諸形態は、そこから形成され、発展したのです。この至高の形態のことを、現代の人びとはまだ考察の対象にしていませんが、今述べたように、いつか将来、考察することになるでしょう。

この原成分の根源の流れから発展する次の形態は、私たちの霊学が上から数えて第二の人間分肢と考えている「生命霊」、東洋の表現で言う「ブッディ」です。私たちの教義に従えば、人間は未来のいつか、このブッディを通常の生活の中で発達させるでしょう。

しかしブッディは、霊的形態原理としては、人間を超えて、他の霊的本性たちのもとで、いつも存在していました。そしてブッディが霊界で存在していたことで、今、根源の流れから出た最初の形態となって分化してきたのです。サーンキャ哲学の意味でのブッディは、魂を超えた本質存在の最初の形態から生じた第二の形態です。

この実体原理の更なる進化を辿りますと、サーンキャ哲学の意味での第三の形態であるアハンカーラに出会います。ブッディはいわば分化過程のぎりぎりのところに立っていますが、アハンカーラではすでに一種の個体化が示されています。アハンカーラの形態は、すでに完全に分化しています。ですから、アハンカーラにおいては、ブッディが独立し、本質的な実体的な形態にまで降りて形成され、個体としてこの世に存在するようになるのです。

この進化の過程をイメージするとしたら、ほぼ次のようになると思います。——実質的な根本原理として、一定量の水があるとします。そこから水が水滴にまでは分解されていない形態をとってあふれ出ます。その形態は小さな水の山（波）のようです。同じ水の中から波浪の山が現れるのですが、その水の山の底部は、共通の根源の流れの中にあるのです。そしてこの波浪の山こそがブッディの状態なのです。

この水の小さな山々が独立した小さな水滴にまで分解されますと、それがアハンカーラの形です。

このアハンカーラの更なる濃縮化、ですから、すでに個別化された水滴が一つひとつの魂の姿にまで濃縮化すると、マナスが生じます。

ここには、私たちの用いる霊学概念に較べると、一種のでこぼこ状態が生じています。私たちの（人智学の）教えに従って、人間の進化を上から下へ降りていくと、生命霊もしくはブッディのあとに、霊我もしくはマナスが提示されます。この霊我という言い方は、こんにちの人類の進化においては、まったく正当です。なぜ正当なのかは、今回の連続講義の中でさらに申し上げるつもりですが。

つまり私たちはブッディとマナスの間に、アハンカーラを組み入れません。アハンカーラとマナスをひとつにまとめて、両方を霊我と呼んでいます。

あの古い時代にアハンカーラを取り入れるのは、まったく正しいことでした。その理由は、今日は暗示するだけにとどめておいて、あとでもっとくわしく申し上げようと思いますが、当時正しかったのは、こんにちの時代を理解するのに必要な、ルツィフェル原則の影響とアーリマン原則の影響に由来する、あの重要な特性を、当時はまだ問題にすることができなかったからです。

そのような悪の特性の表現は、サーンキヤ哲学にはまったく欠けています。アーリマン的とルツィフェル的という二つの原則に眼を向ける必要のなかったサーンキヤの体系（Konstitution）にとって、つまりこの両原則の力をまだ感じとれなかった体系にとって、ブッディとマナスの間に、もうひとつの特別の形態を組み入れるのは、まったく正当なことだったのです。

ですから、サーンキヤ哲学の意味でのマナスと、シャンカラの意味でのマナスとは、正確には一致していません。シャンカラの意味でのマナスと霊我とはまったく一致していますが、サーンキヤ哲学の意味ではぴったり一致していません。

しかし私たちは、サーンキヤ哲学の意味での本来のマナスを、以下のように性格づけることができます。――

まず私たちは、感覚世界における人間、物質存在としての人間の生き方から始めます。人間は、物質界においては、まず諸感覚を通して周囲を知覚します。そして触覚器官である手や足でつかんだり、歩いたり、また声を出して話しかけたりすることで、この物質的環境に働きかけます。人間は諸感覚を通して環境を知覚し、そして触覚や発声器官を通して、物質環境に働きかけます。

サーンキヤ哲学の意味においても、そう語ることができます。

しかしそもそも人間は感覚を通して、環境をどのように知覚しているのでしょうか。眼で光と色、明と暗を見てとり、また事物のかたちも見てとります。耳で音を聞き、嗅覚で匂いを、味覚で味を知覚します。どの感覚も外界の特定分野を知覚します。私たちは、いわば感覚と呼ばれる私たちの本性のこれらの外への扉を通して、環境と関わっています。私たちは自分を環境に向けて開き、一つひとつの感覚を通して環境の特定の領域に近づいていきます。

そして私たちの言語が教えてくれているように、私たちの内部には、これらいろいろな感覚領域を統合する働きもあります。例えば、私たちはあたたかい色とか冷たい色とかと言います。本来は熱感覚の対象であるあたたかさ、冷たさを、視覚による色、明、暗によっても知覚しているのです。つまり、私たちの内なる親和力によって、ある感覚が知覚するものを、別の感覚に置き換えることもできるのです。

私たちの内部で特定の視覚内容が熱感覚の内容と融合するのですが、別の場合は、ある音の中に、ある色を感じとります。ある響きは赤を、別の響きは青を感じさせるのです。ですから私たちの内部には、魂のために異なる感覚分野をひとつにまとめ、ひとつの全体を生じさせてくれるものが生きているのです。

ときにはさらに、例えばある都市を訪れて、黄色い印象を受け、別の都市では赤い印象、白い印象、または青い印象を受けたりしますが、そういうときの私たちは、自分の受けとった印象を心の中で色のイメージに置き換えています。個々の感覚印象が私たちの内部で、ひとつの全体感覚にまとめられるのです。そのような全体感覚は、個々の感覚分野に向き合うのではなく、私たちの内部で個々の感覚印象に働きかけながら、私たちの心をひとつの統一感覚で満たしてくれるのです。

私たちは、この統一感覚を、「内部感覚」と呼ぼうと思います。苦しみや喜び、情熱、激情として内的に体験するすべても、この内部感覚が提供するものと結びつくことができます。ですから、特定の情熱は暗い情熱、冷たい情熱と呼ぶことができますし、別の情熱を熱い情熱、明るい情熱、希望に充ちた情熱と呼ぶこともできます。

私たちはまた、私たちの内部には、内部感覚を形成する働きがある、と考えることもできます。私たちは外なる世界の個々の分野に向けられた諸感覚をもっていますが、その一方で、私たちの魂の求めに応じてくれる内部感覚ももっています。この内部感覚は、個々の感覚器官から独立して、魂そのものを道具としています。

この内部感覚をマナスと呼ぶことは、サーンキヤ哲学の意味で、まったく正しいのです。この内部感覚を形成する実体は、サーンキヤ哲学の意味でのアハンカーラにほかなりません。ですから、こう言えます。――まず根源の流れ、次にブッディ、次にアハンカーラ、次にマナスです。

私たちは自分の中にこのマナスを、自分の内部感覚としてもっています。こんにちの私たちがこの内部感覚を考察しようとするなら、まず個々の感覚を取り上げ、その個々の感覚の知覚したものが内部感覚となって組み合わされ、そしてひとつの表象を生じさせているのを知ればいいのです。このようにこんにちの私たちの認識は、サーンキヤ哲学とは逆の道を辿っているのです。

私たちの認識の道に眼を向けるとき、こう言わざるをえません。――その道は、個々の感覚の相違から出発して、共通の意味にまで至ろうとする、と。

しかし進化は逆の道を辿るのです。宇宙進化の中では、まずアハンカーラからマナスが生じました。それから私たちが担っている諸感覚を形成する諸力が生じました。とはいえ、この場合の「感覚」は、素材としての感覚器官のことではありません。素材としての感覚器官は、肉体の一部分です。そうではなく、この感覚の力は、形成力として、まったく超感覚的に、物質の根底に存在しているのです。

ですから、私たちが進化形態の階梯《かいてい》を下りていくと、サーンキヤ哲学の意味で、アハンカーラからマナスへ至ります。そしてマナスが私たちの個々の感覚を構成するところの超感覚的な力を生じさせるのです。

個々の感覚に魂が関与しているという点で、サーンキヤ哲学の教えと私たちの教えとは一致しています。実際、サーンキヤ哲学は次のように述べます。――マナスが諸感覚という個々の宇宙力に分化する。そしてそれによって、魂はこれらの形成力の中に沈み込む。魂がこれら個々の形態の中に、マナスの中に沈み込むように、沈み込むことによって、魂的なものがこれらの感覚力に作用し、感覚力とからみ合い、結び合う。けれどもそうすることによって、魂は、みずからの本性にもとづいて、外界と結びつき、外界を好ましく思い、外界に共感をもつようになる、と。

例えば、眼を構成する力は、マナスから分化して生じました。サーンキヤ哲学の考え方に従えば、人間の肉体がまだこんにちの形態をとっていなかった太古の段階において、魂は眼を構成する力を内に含んでいました。私たちの教えに従えば、こんにちの人間の眼は、すでに土星紀の段階で素質として存在していましたが、こんにち松果腺となって萎縮して存在している熱器官の退化のあとを受けて、ですから、かなりあとになってから形成されたのです。眼を発達させた諸力は、超感覚的には、すでに眼が生じる以前から存在していました。そしてその諸力の中には、魂が生きていました。

サーンキヤ哲学もそのように考えています。すなわち、魂がこれらの分化原則の中に生きることによって、その魂は、外界での生存に依存し、外界での生存を激しく求めるようになる。魂は感覚の諸力を通して、外界と結びつく。それによって地上を生きることへの傾向、衝動が生じる。魂は、感覚器官といういわば触角をのばして、外界の諸存在と強く結ばれる、というのです。

私たちは、この結びつき、この現実の力強い結びつきを、「人間のアストラル体」と呼んでいます。サーンキヤ哲学はこのアストラル体を、マナスから分化した個々の感覚諸力の共同作用として語っています。

さらに、私たちが人間のエーテル体を生じさせていると考える精妙な諸要素が、この感覚諸力から生じます。エーテル体は比較的後の産物です。私たちはこのエーテル体の働きを人間の中にも見ていますね。

このように、根源の流れ、ブッディ、アハンカーラ、マナス、感覚諸成分、精妙な諸要素が進化の過程で形成された、と考えるのです。

自然界におけるこの精妙な諸要素は、例えば植物においても、エーテル体もしくは元素体として存在しています。サーンキヤ哲学の意味で言うなら、上から下へ、根源の流れから降りてくるひとつの発展が、超感覚的な経過の中で生じているのですが、植物においては、その経過がエーテル体もしくは生命体という精妙な諸要素にまで濃縮されることによって初めて、物質界での現実になるのです。

現在の人間の場合、マナスに始まる、より高次の諸形態、諸原則が、すでに物質となって現れています。個々の感覚器官は、眼に見える形をとって現れています。植物においては、アストラル成分が精妙なエーテル諸要素にまで濃縮するとき、初めて物質となって生じます。エーテル諸要素がさらに濃縮すると、そこから粗野な諸要素が生じます。私たちが物質界において出会うすべての物質、物体はこの粗野な諸要素の産物です。

ですから、下から上へのぼっていくと、サーンキヤ哲学の意味で、人間は粗野な肉体（物質体）、より精妙なエーテル体、アストラル体に分けられます。――ただし、サーンキヤ哲学では、アストラル体とは言わないで、諸感覚を構成する「力の体」という表現をします――さらに、ひとつの内部感覚としてのマナスに分化し、さらにアハンカーラにおいて人間の個体性の根底に存する原理に至ります。この原理は、人間が内部感覚によって、個々の感覚分野を知覚できるようにするだけではなく、人間が自分のことを個別の本性であり、個体性であると感じられるようにしています。それを可能にしてくれるのが、アハンカーラなのです。

それからさらに、人間に内在しているより高次の諸原則として、ブッディ、そして東洋の哲学が「アートマン」と呼んでいるもの、サーンキヤ哲学では宇宙的な意味をもって「根源の流れ」と呼んでいるものに至ります。このアートマンのことは、すでに申し上げげました。

このようにサーンキヤ哲学は、人間の構造全体を見事に表現しています。ここでは人間が過去、現在、未来にわたって、魂として、本質的な外的自然原則の中に組み込まれています。そして自然は、外的、可視的なものだけでなく、もっとも不可視的なものに至るまでのすべての段階を含んでいます。ですからサーンキヤ哲学は、今述べたさまざまな形態を区別するのです。

そしてこれらの諸形態、もしくは粗野な物質体から根源の流れまでを包括するプラクリティの中には、プルシャが生きています。プルシャは霊的＝魂的なものですが、個々の魂の中でモナドとなって存在しています。個々の魂のモナドは、いわば始まりもなく、終わりもないものと考えられています。ちょうど物質原理であるプラクリティが、――物質といっても、私たちの唯物論的な意味ではありませんが――始まりもなく、終わりもないものと考えられているように、です。

ですから、この哲学は「魂の多元論」なのです。魂は、プラクリティ原理の中に沈潜して、自分を取巻く根源の流れという至高の、未分化の形態から粗野な物質体の中に受肉するに至るまで降下するのですが、そこからさらにふたたび、逆の上昇方向を辿り始めます。粗野な物質体を克服して、ふたたび上へ向かい、おおもとの根源の流れにまで戻ると、この根源の流れからも身をほどいて、自由な魂となって、純粋なプルシャの中へ入っていくのです。

私たちがこのような認識を自分に作用させますと、このいわば太古の叡智の根底に存するものが見えてきます。そして私たちはこんにち、魂の沈潜を可能にする手段によって、この同じ根底に存するものの認識を獲得しようとしています。私たちは、サーンキヤ哲学の意味で、魂をこれら形態原理のどれかと結びつけることのできる方法、手段の洞察にまで至るのです。

例えば、魂はブッディと結びつくことができます。そのときの魂は、ブッディの内部で、可能な限りみずからの独立を維持しようとします。つまり、ブッディではなく、魂の働きを力強いものにしようとします。

逆の場合もありえます。魂はみずからの独立を一種の眠り、なげやり、怠惰の状態に置くのです。ですから覆いの性質の方が優位に立つのです。

以上のことは、外的な身体状態からも見てとれます。人間のありようについてだけ言えば、人間は自分の魂的＝霊的なものを手の動き、身ぶり、眼差しの中に映し出しています。ある人の場合、霊的＝魂的なものを生かすためにのみ、身体を働かせているとしか思えません。そういう人にとって支配的なのは、物質原理ではなく、逆に、いたるところで物質原理が支配されているのです。

魂が外的な物質原理を圧倒しているような状態は、サットヴァ状態です。このサットヴァ状態は、魂とブッディやマナスとの関係についても言えますし、身体の精妙な要素や粗野な要素と魂との関係についても言えます。

魂がサットヴァの中で生きているとき、この状態は、魂とその覆いとの関係についても、当の人物の霊的原理と自然原理との関係についても、プルシャ原理とプラクリティ原理との関係についても言えます。

しかし、別の場合は、逆に粗野な物質体が魂を支配しています。とはいえ、今は道徳的なことを言っているのではありません。サーンキヤ哲学の意味で、もっぱら性格づけをしているのであって、道徳上の性格づけをしているわけではありません。

私たちの顔が魂の思う通りの表情をあらわしているとき、サットヴァ原理が支配しています。しかし魂の原理が肉体に妨げられて、十分に表現できないときはタマスの状態です。

そして、このサットヴァとタマスの間でバランスが保たれているとき、魂が優勢であるのでも、肉体が支配しているのでもなく、この両者が均衡を保っているとき、ラジャス状態にあります。これが三つのグナです。この区別はサーンキヤ哲学にとって、特別に重要なのです。

ですから、プラクリティの個々の特性が区別されなければなりません。未分化な根源実体という至上の原理から粗野な物質体に至るまでの区別です。しかし今言いましたのは、もっぱら外側の区別ですので、この性格づけとは別に、サーンキヤ哲学は、魂的なものと外側の部分との間の関係も大切にします。その場合は、外側がどんな状態なのかにはこだわりません。そのような関係の性格づけがサットヴァ、ラジャス、タマスという三つの状態として示されているのです。

そこで今、このような認識のいわば深みへ眼を向けようと思います。あの古い時代の認識が、ひとつの科学が、一切の存在に包括的な性格づけを与えながら、その存在の本質に深く観入していることの秘密に眼を向けたいのです。

そのとき、前にも申し上げた、あの驚嘆がまた心の底から生じてきます。こんにち霊学認識を通して暗い霊界の奥から現れてくるものが、すでにあの古い時代に、別の手段で獲得されていたのです。このことは、人類精神の進化上のもっとも驚嘆に値する事実ではないでしょうか。

あの古い時代に、こういう知識のすべてが、すでに存在していたのです。今、霊的認識の眼を太古の時代に向けるとき、この知識が見えてきます。そしてそれに続く時代の流れも見えてきます。通常、私たちはさまざまな時代の精神内容を、古代ギリシア時代、古代ギリシア時代に続くローマ時代、キリスト教中世の時代の中に見ています。さらにそれに続く近世、近代にまで時代を下ることで、今ふたたび人類の太古の知識に匹敵するようなものが、やっとふたたび提示されようとしています。

こういう時代の流れに眼を向けると、次のような印象を持たざるをえません。――これまでの時代は、しばしばあの太古の知識の予感さえも失っていた。太古のあの壮大な存在領域の認識の代りに、あの包括的、超感覚的な認識の代りに、単なる物質存在の外的な認識がますます支配的になっていた。

実際、これまでの三千年間の進化発展の意味は、太古の根源叡智の代りに、物質領域の外的な知識がますます支配的になってきたことにあるのです。

しかし興味あることに、古代のサーンキヤの叡智の余韻が、物質の領域においてだったとしても、残り続けていました。敢えて申し上げるのですが、ギリシア哲学の時代においてです。アリストテレスは、本来の魂の分野のために、なお若干のその余韻を示しています。しかしこの場合、古代サーンキヤの叡智ほどに完全な明晰さを示しているわけではありません。

アリストテレスの場合、人間本性の区分における粗野な物質体については、それほど言及していませんが、サーンキヤ哲学が莢（体）にすぎないとしているところに、魂の働きを認めようとしています。

すなわち、サーンキヤ哲学の意味での「より精妙な元素体」を「植物魂」と呼んでいるのです。ですからアリストテレスは、そこに魂的なものを見出しているのですが、魂的なものと体的なものとの関係を、つまりグナを説明しているだけにすぎません。そしてその性格づけのために、莢としての形態だけを取り上げています。

次いでアリストテレスは、感覚の働き、私たちの言うアストラル体に、魂的な原理を与えています。ですから魂的と体的をはっきり区別していません。魂的なものが、すでに体的な形態の中に組み込まれているからです。ですからアイステティコン（感覚魂）を区別し、さらに魂的なものとして、オレクティコン（欲望魂）、キネティコン（運動魂）、ディアノエティコン（思考魂）を区別しています。

以上はアリストテレスにとっての魂の諸段階ですが、その場合、魂的なものと体的なものとをはっきり区別していません。アリストテレスは魂を区分したと思っていますが、サーンキヤ哲学は魂の本質をモナド（単子）として捉え、魂の区分にあたるすべては、いわば外へ向かって莢の原理に、プラクリティ原理に移されたときの状態だと捉えているのです。

ですから、アリストテレスにおける魂論には、サーンキヤ哲学に見られるあの太古の学を想起させるものは、残っていません。しかし、物質界でのある領域でのアリストテレスは、三つの状態の原則の余韻のようなものを語っています。つまり色彩における光と闇について語るときにはです。

彼はこう語っています。――闇を自分の中に抱えている色と、光を抱えている色と、さらにその中間の色とがある。青と紫の場合、闇が光を凌駕している。そして闇と光が均衡を保っていると、緑もしくは黄緑になる。そして光の原則が闇を凌駕すると、色は赤、もしくはオレンジになる。

サーンキヤ哲学の場合、三つの状態の原則は、宇宙のすべての現象に適用されていました。霊的なものが自然的なものを凌駕するときが、サットヴァでした。アリストテレスが色について語るときは、まだこの同じ特徴が残っています。彼はそういう言葉を使っていませんが、赤とオレンジは光のサットヴァ状態を示している、と言えます。――表現の仕方は違っていても、アリストテレスの場合、古いサーンキヤ原則がまだ生きています。――同様に緑は光と闇との関係ではラジャス状態であり、闇が凌駕している青と紫は、光と闇との関係で、タマス状態を示しています。

アリストテレスがこういう表現を用いなかったとしても、サーンキヤ哲学における宇宙状態の霊的把握に由来する思考方式が、まだ光を失っていません。

このように、アリストテレスの色彩論は、古いサーンキヤ哲学の余韻を残していますが、その余韻も消えてしまいました。そしてサットヴァ、ラジャス、タマスという三つの状態が色彩世界という外的領域でふたたび一瞬輝き出るのは、ゲーテの行ったあるきびしい戦いの中でです。

色彩世界をサットヴァ状態、ラジャス状態、タマス状態に区分したアリストテレスの思想が埋没してしまったあと、同じ区分がふたたびゲーテによって試みられました。このゲーテの思想は、近代の物理学者たちによる誹謗の対象にされていますが、しかしゲーテの色彩論は、霊的な叡智の諸原理から取り出されたものです。こんにちの物理学は、ゲーテの色彩論を認めません。物理学の立場からすれば、当然なことなのかも知れませんが、その立場は、すべての良き神々から見放されていることをも示しています。こんにちの物理学は、神々から見放されています。ですからゲーテの色彩論のことを罵るのです。

しかし、こんにちの実証科学が神秘学の諸原理と結びつくことができたら、まさに今の時代こそ、ゲーテの色彩論の側に立とうとするでしょう。なぜならそのとき、かつてのサーンキヤ哲学の霊的原則が私たちの科学文化の中心からふたたび姿を現してくるでしょうから。

愛する皆さん、理解していただけると思いますが、ずっと以前、私はゲーテの色彩論をふたたびひとつの物理学として、しかし神秘学の諸原理にもとづいて、通用させるという課題を大切にしていました。なぜなら、ゲーテは、色彩現象を三つの状態、サットヴァ、ラジャス、タマスに従って区分しているからです。このようにして次第しだいに、かつて人類がまったく別の手段で獲得したものが、精神の闇の中から、新しい手段によって、新しい精神史の中に立ち現れてきているのです。

　このサーンキヤ哲学は、すでに仏教以前に、仏陀伝説をいわば手にとるようにはっきりと示していました。仏陀は、サーンキヤ哲学の創始者カピラの居住地だったカピラヴァストゥに生まれました。このことは、仏陀がサーンキヤの教えと共に育ったことを示唆しています。かつてこの偉大なサーンキヤ哲学をはじめて統合した人物の活躍した所で、仏陀は生を受けたのです。

　このサーンキヤ哲学と、すでに取り上げた他の精神潮流との関係を考えるときには、こんにちの世俗の東洋学者たちの多くが述べているような仕方でも、イエズス会士ヨーゼフ・ダールマンの述べているような仕方でも、考えてはなりません。そうではなく、古代インドのさまざまな地域には、それぞれ異なる人びとが生きていた、と考えるべきなのです。なぜならこの三つの精神潮流が形成された当時、人類進化の最初期のような根源の状態は、もはや存在していなかったのですから。

　インドの東北部には、サーンキヤ哲学に示されているような考え方をする人びとが移り住んでいましたが、そのより西方に移り住んだ人びとは、ヴェーダの教えに従って世界を考えていました。ですからインドにおける精神的な相違は、インドのそれぞれの地域でそれぞれの素質を育てた人間性に由来するのです。そしてもっと後になってから、ヴェーダンタ派の人びとがさらに活動を拡げたことで、さまざまな影響を受けるようになりました。現在、私たちが知ることのできるヴェーダの中には、サーンキヤ哲学の影響もかなり見られます。

そして、第三の精神方向であるヨーガが生じたのは、すでに述べたように、根源の見霊能力が次第に失われ、そして霊的な高みへの新しい道がいろいろ求められたことによるのです。

ヨーガとサーンキヤ哲学との相違は、後者が認識の学に徹しているところにあります。

サーンキヤ哲学は外的な諸形態に関心を向けて、この諸形態だけを取り上げながら、さらにこの諸形態と人間の魂との相互関係に眼を向けています。一方、人間の魂が霊的な高みへ昇るために、魂がどのような進歩を遂げるべきかについては、ヨーガが教示してくれます。

一面的になるのではなく、つまりもっぱら外的な諸形態を考察することで進歩しようとするのではなく、もともとヴェーダの中で恩寵による悟りによって与えられていたものをふたたび獲得するためには、魂はどのような態度をとらなければならないのでしょうか。もしも私たちがそのように問うとしたら、崇高なバガヴァッド・ギーターの中で、クリシュナがその弟子アルジュナに与えた言葉が、その答えを与えてくれています。

――「そうだ、お前は世界を外的な形態の中に見ている。しかしお前がサーンキヤの叡智を生きようとするなら、一つひとつの形態が根源の流れから生じてくることに気づくであろう。しかしお前はまた、形態が変化していくことにも気づくであろう。形態は、現れては消えていく。形態の生と死を、お前は見る。しかし形が別の形に変わり、形から形へと生成と消滅を繰り返すのを、お前が根本的に考えつめていくなら、これらの形態のすべての中に生きている霊的原理に眼を向けざるをえなくなる。霊的原理がこれらの形態の内部で、ある時はよりサットヴァ状態へ、別な時は別のグナ状態へ結びつき、別な時にはそれらの状態からも解放される。

このような根本的な考察は、形態ではなく、持続的、永続的なものへお前の眼を向けさせる。物質の原理は持続的だが、お前の見ている諸形態は持続しない。生成し、消滅する。生と死を通っていく。しかし魂的＝霊的要素は持続する。お前の眼をこの要素へ向けなさい。

しかしこの魂的＝霊的なものを体験することができるようになるためには、この魂的＝霊的なものをお前の中に、お前の周りに感じとり、お前とひとつに結びつくのを感じとらなければならない。お前はお前の中に眠っている諸力をめざめさせなければならない。お前はヨーガに身を捧げなければならない。そのためには生存の魂的＝霊的な要素へ畏敬の眼を向けることから始めなければならない。ヨーガは一定の行［複数］を用いることによって眠っている諸力をめざめさせる。だから弟子は、ヨーガによって一段一段と階梯を上っていく。」

「霊的＝魂的なものへの畏敬の念は、魂そのものを前進させるもうひとつの道だ。この畏敬の念は、変化する諸形態の背後で統一的に働く霊的なものへ導く道であり、ヴェーダの中で、恩寵として、悟りとして示されていたものへの道である。この畏敬の念は魂がヨーガを通してふたたび見出すべきもの、諸形態のさまざまな変化の背後に見出すべきものへの道なのだ。

だから至高の師が弟子に語ったように、サーンキヤ哲学によって、諸形態、グナ、サットヴァとラジャスとタマスを知り、最高の素材から最も粗野な素材にいたるまでの諸形態を知ることによって、前へ向って進んで行きなさい。理性を失ってはいけない。そして言いなさい、その先には持続的、統一的なものがあるに違いない、と。そうすればお前は、思考しつつ、永遠なるものに至るであろう。

しかしお前は、魂の内部で畏敬から出発することもできる。つまりヨーガを通して、一段一段上っていくこともできる。その場合も、すべての形態の根底にある霊的なものへ至ることができる。お前は二つの側から永遠なるものに近づくことができる。世界を思考し、考察することによって、そしてヨーガによってである。このいずれの道によっても、お前は、偉大なヴェーダの教師たちの言う「一なるアートマン＝ブラフマン」に導かれる。この一者は、外にも生き、魂の内部にも生きている。世界の根底に一者として存在しているのだ。お前が一方でサーンキヤ哲学によって思考し、他方でヨーガによって畏敬と共に歩むとき、この一者にまで至る。」

古い時代をふりかえってみると、そこでは見霊力がまだ人間の血と結びついていました。この点は、以前私が書いた『血はまったく特製のジュースだ』の中で述べた通りです。しかし人類は、次第に、血と結びついた見霊能力からより魂的、霊的な見霊能力へと進化を遂げてきたのです。

しかし種族、民族の血のつながりを大切にする古代において素朴に獲得された魂的＝霊的なものとの関連は、失われたわけではありません。この関連は失われなかったので、あらためて、新しい方法［複数］、新しい指導が、血族関係の時代からもはや血縁関係が支配的でない時代への移行の時期に現れなければなりませんでした。崇高な歌、バガヴァッド・ギーターが私たちを新しい方法へのこの移行に導いてくれるのです。バガヴァッド・ギーターはクルとパンドゥの種族の出である王族の兄弟の子孫たちが、どのように互いに戦い合っているかを物語っています。

私たちは一方では、ギーターの物語が始まる以前の時代に眼を向けます。そこでは古代インドの人びとの認識や行動がまだ残っていました。私たちは、クル族の出である盲目のドリタラシュトラ王の中に、古い時代から新しい時代へつながる、ひとつの流れを認めます。そして彼の馭者との会話の中に、この流れを認めます。戦う者たちの一方にこの王が立っています。そしてもう一方に彼と同族でありながら、戦いをいどむ者たちが立っています。この者たち、つまりパンドゥの息子たちは、古い時代から新しい時代への移行過程にあるのです。

この物語を聞く王が盲目であるのは、とても特徴的なことです。馭者は盲目の王に、向こうのパンドゥの息子たちの身に何が生じているかを物語ります。向こうでは、戦う者の代表であるアルジュナが、人間の師である偉大なクリシュナから教えを受けている、と語ります。クリシュナがその弟子アルジュナをどのように指導しているかを物語るのです。すなわち、人間はいつか、サーンキヤとヨーガを学び、思考と畏敬を充実させて、かつて人類の偉大な教師たちがヴェーダの中に書きのこしてくれたところにまで達することができるようになるであろう、と話します。そして血縁から抜け出た新時代の人類の偉大な教師であるクリシュナの教えを、見事な仕方で、哲学的であり、かつ詩的でもある言葉で物語るのです。

このように、やや異なる仕方でではありますが、古い時代からの教えが私たちのところにまで輝いているのです。私の『血はまったく特製のジュースだ』の中で、またはそれに似たいくつかの考察の中で、私は、人類の進化が、血縁の時代から出て、その後どのようにさまざまに変化していったか、そしてそれと共に、魂のありようがどう変わっていったか、示唆してきました。

偉大なバガヴァッド・ギーターの中で、私たちは直接、この移行を体験します。かっての、血と結びついた見霊体験から離れてしまった人間が、どのようにうつろうことのないところに達することができるのか、アルジュナが受けたクリシュナの教えの中に示されているのです。私たちがこれまでしばしば、人類進化の重要な移行期として考察してきたものが、この教えの中に示されているのです。ですから、バガヴァッド・ギーターは、私たちが事柄そのものから考察してきたものの絵解きになっているのです。

その際、特に私たちの心を惹きつけるのは、実に立ち入った仕方で、無常なものとは反対の、無常ならざるものへの人間の道が実に具体的に語られていることです。そこでのアルジュナは、はじめ、苦悩に充ちた姿で私たちの前に立っています。――そのことを馭者が話すのです。盲目の王ドリタラシュトラの馭者がです。――そこでのアルジュナは、心に苦悩を抱えて立っています。

アルジュナは血縁の濃いクル族に戦いをいどんでいます。その彼は自分にこう語りかけます。――私は血のつながりの濃い人たちと戦わなければならない。私の親の兄弟の息子たちと戦わなければならない。仲間の戦士たちもそれぞれ、親族相手に武器をとって戦おうとしている。相手の側にも同じようにすぐれた戦士たちが私たちに対して武器をとろうとしている。

このような状況の中で、アルジュナは、はげしい苦悩におそわれています。――

「私はこんな戦いに勝利できるのか。この戦いに勝利することが許されるのか。兄弟と兄弟が戦い合っていいのか。」

そのとき、偉大な師クリシュナが眼の前に現れて、アルジュナにこう言います。――「まずよく考えなさい。そしてお前の眼を人生そのものに向けなさい。そして今自分の立っている立場に眼を向けなさい。お前が戦おうとしているクル族の人びとのからだの中に、つまり無常な姿の中に、不滅の魂の本性が生きているのが分かるね。この本性が今はこういう姿をとっているのだ。おまえの戦友たちの場合も、外界のこういう形をとって、永遠の魂が生きている。

君たちは戦わなければいけないのだ。なぜなら、君たちの掟《おきて》がそう望んでいるのだから。仕事の掟、人類の進化の掟がそう望んでいる。君たちは戦わなければいけない。ひとつの時代から次の時代への移行を示す瞬間が、そう望んでいるのだ。

けれども、かたちがかたちと戦い、変化するかたちが変化するかたちと戦うからといって、お前が悲しんでいて、どうするのだ。どのかたちが他のかたちを死に追いやるというのだ。死とは何か、生とは何か。かたちの変化、それが死でもあり、生でもある。いま勝利者である魂も、いま死へ赴こうとする魂も、いずれも似たようなものだ。

サーンキヤの考察がお前を導こうとするものに較べれば、つまり永遠の魂に較べれば、そういう勝利、そういう死が何だというのか。永遠の魂は自分と向き合っている。どんな戦いからも自由なのだ。」

アルジュナが魂の奥底で苦悩する様子を見て、壮大な仕方で、状況そのものに即して、そんな苦しみに耐え忍ぶ必要などないことを、私たちにも分からせてくれるのです。いま大事なのは、苦悩することではなく、戦う義務だけに従うことなのだ、というのです。なぜならアルジュナは、戦争に巻き込む無常なものから、生命の不滅さへ眼を移すべきなのですから。

そしてこれと共に、たちまち稀有な仕方で、崇高な歌バガヴァッド・ギーターにおける偉大な特徴が明かされます。人類の重要な進化上の出来事についての偉大な特徴、無常と不滅についての特徴が、です。

私たちが抽象的な思考をではなく、事柄の感情内容を自分に作用させるなら、正しい道を歩んでいます。そのときの私たちは、クリシュナの導きにとっても、正しい道の途上にいるのです。すなわちアルジュナの魂を、その状況から引き上げようとしているクリシュナの思いが感じとれるとき、正しい道にいるのです。その状況に留まっているアルジュナの魂は、無常なものの網にからめとられています。クリシュナはアルジュナの魂が一切の無常なものから自由でいられるように、その魂を高次の段階へ引き上げようとするのです。無常なものが、勝つこと、負けること、または生死にかかわることとして、苦悩に充ちた仕方で現れてくるときにもです。

バガヴァッド・ギーターのような東洋の哲学について、誰かが以下のように述べたことがありましたが、それは真実に即していると思います。――この東洋の哲学は、あの古い時代においては、同時に宗教でもあったのだ。その哲学に従っている人がどんな賢者だったとしても、深い宗教的情熱に欠けてはいなかった。そして、もっぱら感情で宗教を生きていたもっと単純な人びとも、一定の叡智を持っていたのだ。

私たちも同じことを感じます。そう感じるのは、偉大な教師であるクリシュナが弟子の思いを受けとめ、理解しているだけでなく、弟子の心情の中に直接働きかけて、私たちの前に立つその弟子が無常の中で、そして無常であることの苦悩の中で、魂のそのような重要な状況の中で、それにもかかわらず高みへ上っていくのを知るときなのです。その高みが彼の魂に一切の無常さを、一切の苦悩を、無常であることの一切の苦しみを乗り超えさせているのを知るときなのです。

第三講

ケルン　一九一二年一二月三〇日

「バガヴァッド・ギーター」のような哲学的詩文、もしくは世界文学作品の意味を完全に評価するには、そこに述べられている事柄を単なる思想としてではなく、運命として受けとめなければなりません。人類にとって、世界観〔複数〕は、運命になることができるのです。

これまで二日間にわたり、第三のヴェーダの方向を除いた二つの世界観、サーンキヤ哲学とヨーガを取り上げました。この二つの世界観は、もし私たちが正しく向き合うなら、それらが現代人の魂にとっても運命になりうることを明確に示してくれるでしょう。

サーンキヤ哲学の概念を使えば、人間の魂のいとなみも含めた、世界の諸事象のすべては、相互に関連づけることができます。ですから私たちが現代人として、時代に見合った認識を、つまり科学形式をとった理念的世界観を持っていたとしても、つまりサーンキヤ哲学よりも霊的にずっと低次の認識段階に留まり続けていたとしても、次のように言うことができるはずです。――「われわれの時代にサーンキヤ哲学に出会えたのも、運命的な出来事なのだ。」

もちろん運命的だと感じとれるのは、科学者であれ、あるいはサーンキヤ哲学者であれ、自分の仕事にいのちがけで向き合っている人だけでしょう。

世界に対する自分の向き合い方を、運命として感じとれるのは、基本的に、ひとつの事柄に全力を尽くすことのできる人だけです。そのような人の魂は、世界のさまざまな現象形態の細部に至るまで、心を通じさせることができますし、世界の中で悪戦苦闘するすべての人にも、十分すぎるほどの理解を示すことができるのです。

しかしある魂が、ある人生において、自分の天賦の才能を働かせて、世界の諸現象に関与するとき、見霊能力があってもなくても、主として知性によって判断するだけだったとしたら、どんな事情があったとしても、一種の冷たさが魂のいとなみのすべてに現れてきます。そうすると、魂の気質のありよう次第で、世界のさまざまな現象に対して、多かれ少かれ、不満足そうな皮肉っぽさを示すか、興味なさそうな、面白くなさそうな態度で臨むしかなくなってしまいます。

私たちの時代の多くの魂が感じていることだと思いますが、自分の学識だけが問われるような場面で、心が冷えて、味気なさを味わったり、心が沈んでしまったりしてしまいます。そういう傾向がいたるところで眼につきます。

そういう魂は、自分では気づかなくても、みじめな思いを心に抱いています。全世界を自分のものにできたとしても、自分の魂が荒廃していたら、何も感動できず、どこにも充実感が見出せません。何の意味もない、という思いから離れられないのです。

この世についての知識をどんなにつめこまれていても、心の中が空虚なら、味気ない運命しか期待できません。世の中のどこを向いても、内面を充実させてくれるようなものが見当らなくなるのです。

今述べた心境は、学識豊かで、抽象的な哲学の素養を身につけた多くの人の場合に出会うことがよくあります。そういう人たちの魂は、充たされておらず、みずからの心の空虚さを感じ、自分の身につけた多くの知識に関心が持てないという辛さを感じています。

ですから誰かが抽象的な哲学をもって私たちに向き合い、神の本質について、宇宙の本質について、人間の魂について、広い知識を披露してみせたとしても、私たちは自分も含めて、どれもこれも頭の中にたまっていることばかりだ、心とは無関係だ、心はからっぽだ、と思ってしまいます。

そういう私たちは、冷たい空気に包まれています。人智学もサーンキヤ哲学も、私たちの運命をそういう方向へ向けさせかねないのです。自分を自己喪失の状態にさせかねないのです。そういうときには、私たちはお互いに、自分の、そして相手の運命と関わりをもつことができないのです。

さらに、一面的にヨーガによる、瞑想による進歩だけを求めている魂のことを考えてみましょう。そういう心の進歩は、いわば世間から無縁な存在にさせてしまいます。外の世界の何かを身につける余裕がないのですから。

そういう人は言います。――「宇宙がどのように生じたのかを知ったからといって、どうだというのだ。私は自分の中から出てくるものだけを知りたいと思っている。私は自分の力［複数］を発達させることで前へ進んでいきたいのだ。」

そういう人の魂は、多分あたたかい魂なのでしょう。しかしそういう人に出会うと、自己に閉じこもって、自己満足にふけっているようにも見える…かも知れませんよね。でもそのままずっと生きていけるとは思えません。いつかは孤独の中に陥ってしまいます。世捨て人みたいになって、魂の高次のいとなみを求めていると、社会から疎外されてしまいます。社会のあらゆる事件に出会っても、こう言うだけでしょう。――「そんなことはみんな、どうでもよい。」

でも、そんなことを続けていると、霊界からの啓示［複数］に出会っても、それにまともに向き合おうとしませんから、何に出会ったのか理解しないで、孤独感にふけっています。そうすると、そのうち、この一面的な生き方は、破滅的な運命に至りかねません。なんとしばしば、そういう魂に出会うことでしょう！

そういう人たちは、自分自身の存在を進化させるためにあらゆる努力をおしみません。でも隣人に対しては、まるでその人たちが自分と何の関わりもないかのように、無関心であり続けるのですね。自分を世捨て人だと感じ、他の人びとの魂に対しては、とめどもなく自己中心的な態度で接することができるのです。

そのような人間関係のあり方に眼を向けるとき、そのとき初めて、世界観［複数］と運命との関連が感じとれるのです。そして「ギーター」の中に、そして「パウロの書簡」の中にも見出すことのできるような偉大な言表、偉大な世界観の背後で、この運命的なものが私たちに立ち向ってくるのです。

こう述べることもできるでしょう。――「ギーター」の背後にも、「パウロの書簡」の背後にも、それらの背後に少しでも眼を向けてみるなら、直接運命に関わる何かが、私たちを見ている、と。それでは一体、パウロの書簡の背後からは、どのように運命が私たちを見ているのでしょうか。

パウロの書簡の中に繰り返して述べられていますが、キリスト教の場合、魂の進化にとっての本来の成果は、いわゆる「信仰の義」の中で生じます。信仰以外は、無価値なのです。キリスト衝動と結びつき、正しく理解されたキリストの復活から流れてくる偉大な力を受容することができるときの魂に生じる信仰です。この信仰を通して、魂の進化にとっての本来の成果が生じるのです。そして、このことがパウロの書簡を通して私たちに伝えられるとき、たとえ私たちがその一方で、いわば魂が自分の中に追い返され、魂が外の作業から疎外されてしまっていたとしても、ひたすら恩寵と信仰の義だけに帰依することができるのを感じます。

そうなったとき、私たちはふたたび、外の仕事に向き合います。この世を生きるために必要な仕事に、です。やりたくない、といくら思っても、仕方がありません。私たちはこの世を生きる上で、外の仕事を必要としているのです。ですから運命がふたたび、途方もない大声で、仕事をするように、と私たちに呼びかけてきます。状況をこのように把握するときにのみ、こういう人類の言表の厳しさ、烈しさが納得できるのです。

さて、この二つの人類の言表、「バガヴァッド・ギーター」と「パウロの書簡」は、外から見ると、まったく違っています。そしてこの相違が、これらの作品のどの部分においても、魂に訴えかけてきます。

その場合、「バガヴァッド・ギーター」の前に立つ私たちは、すでに述べたような理由［複数］から、ただ驚嘆するだけでなく、詩文としても偉大で圧倒的であり、どの詩句をとっても、人間の魂の思いの高貴さが響いており、クリシュナやその弟子アルジュナの口から語られるすべての中に、日常の人間の体験するもの、一切の情念、一切の不安感を超越しているような何かが感じとれるからこそ、驚嘆せざるをえないのです。

魂の平静さ、明晰さ、泰然自若、平常心の境地に、叡智の境地に、私たちは、「ギーター」の一節を自分に作用させるだけで、移されるのです。ギーターを読むことで、私たちの人間性が高次の段階へ引き上げられるのを感じます。「われわれは、人間的、あまりに人間的なものから自分を解放しなければならない」と、私たちは、ギーターにおける崇高な神的なものを正しい仕方で自分に作用させようとするとき、感じさせられるのです。

「パウロの書簡」の場合は、まったく違います。詩的言語の崇高さは見当たりません。「ギーター」の平静さにも欠けています。

パウロの書簡を手に取って、私たちに作用させますと、パウロの口から、出来事についての情熱的な、激高した思いが生なましく伝わってくるのです。ときには口調が激しく責め立てたりもします。断罪してみたり、詰問してみたりします。キリスト教の重要な諸概念について、恩寵について、法の掟について、モーセの教えとキリストの教えの違いについて、復活について、これらの事柄のすべてが、哲学的な口調で定義づけをしようとしているのに、いちいちパウロのコメントがつくので、そうなっていなかったりします。そのどの場合にも、私たちが忘れてならないのは、そこで語っている人物が、激高しているか、正常な怒りから誰かの行いに言及しているか、あるいはキリスト教のもっとも大切な諸概念について語っているのに、語り方があまりに個人的なので、そういう諸理念の宣伝係であるような印象を与えているかしている、ということです。

「ギーター」を読むときに、もしもパウロの場合のような個人的な口調が出てきたとしたら、どうでしょうか。「パウロの書簡」の中でのパウロは、あれこれの教団に対してこう述べます。――「わたしたちはみんな、イエス・キリストのために働いています。わたしたちは誰にも負担をかけたりしません。日夜働いて、誰にも負担がかからないようにしています。」

こういう言い方は、個人的ですよね。パウロの書簡の中からは、個人的な息づかいが伝わってきます。一方、ギーターの中には、すばらしく純粋な領域が示されています。いたるところで超人的なものと紙一重の、ときには超人的なものにまで踏み込んだ、エーテル領域が示されています。

ですから外から見ると、大変な違いがあります。したがって、こういう言い方もできます。――「この偉大な歌によって、かつて運命的とも言える圧倒的な世界観［複数］の融合がヒンドゥー教に与えられた。このギーターを通して、ヒンドゥー教徒たちに、崇高なまでに純粋なもの、個人を超えたもの、平静なもの、情熱や激情を超えたものが与えられた。一方、キリスト教の大もとも言うべきパウロの書簡は、まったく個人的な、しばしば情熱的で平静さを失った性格をもってわれわれに語りかけてくる。」

私たちが認識を獲得するのは、真理に眼をつぶって、そういう事柄を白状しないでいることによってではありません。そういう事柄を理解し、正しく把握することによって、です。この対比を、以下の考察を行うに先立って、青銅の板のように、眼の前に立てておきたいのです。

昨日述べたように、ギーターの中にクリシュナによるアルジュナのための重要な教えが出ています。一体、そもそも、クリシュナとは誰なのでしょうか。

何をおいても、この問いに眼を向けなければなりません。クリシュナとは誰のことなのか、それを知るには、これまで折りにふれて述べてきたひとつの事実をふまえていなければなりません。すなわち、昔の名前のつけ方は、今とはまったく違っていた、という事実です。

基本的に今は、人の名前には、あまり関心を示しません。なぜなら、ミュラーさん、シュルツさんというような、市民としての姓名を知ったからといって、その人のことをあまり理解する助けになってくれませんから。あるいはまた、ある人が宮廷顧問官か枢密顧問官か、そのどちらなのかを知ったとしても、大して変わりはありません。そうではないでしょうか。社会的秩序のどこに属するかを知ったからといって、その人のことがよく分かったとは言えません。貴族の生まれであっても、高い身分であっても、単なる「尊敬する方」であっても、そういう言い方ではその人のことをはっきり語ってはいません。皆さんもきっとそう思っていらっしゃると思います。現代社会でのいろいろな肩書きについても、そう言えるのではないでしょうか。

しかし昔は、そうではありませんでした。サーンキヤ哲学の呼び名（概念）を使うにせよ、私たち自身の人智学の呼び名（概念）を使うにせよ、私たちはそのどちらから出発しても、以下のような考察を行うことができるのです。

これまでの話からも分かっていただけたように、サーンキヤ哲学の意味での人間は、粗雑な物質体、より精妙な元素体もしくはエーテル体、諸感覚の合法則的働きを含む体、マナスと呼ばれる体、アハンカーラその他から成り立っています。

それ以外のより高次の人間諸部分は、一般にまだ未発達ですので、考察する必要はありません。けれども、あれこれの受肉の中で、私たちの前に立ち現れてくる人たちを問題にするときには、こう言うことができます。――「人間はそれぞれ互いに異なっている。ある人の場合はエーテル体が際立っているし、別の人の場合は諸感覚の合法則性が際立っている。そして第三の人の場合は内部感覚がより際立ち、第四の人の場合はアハンカーラがより際立っている。」

以上を私たちのコトバで言い換えれば、感覚魂が発達している人、悟性魂または心情魂が発達している人、意識魂が発達している人がいますし、さらにマナスその他からの霊感を受けている人もいます。こういう相違は、人間の生き方全体によって生じるので、こういう相違によって、その人その人の本質が示唆されているのです。

容易に理解していただける理由［複数］から、私たちの時代においては、以上の意味での本性に従って、人間一人ひとりを特徴づけるわけにはいかなくなっています。なぜなら、もしもこんにち人類の普及した考え方、感じ方に従って、例えば人間の達しうる最高の境地がアハンカーラを生かすことだ、と言うとすれば、みんなが誰でも自分の本性の中のアハンカーラに注意を向けてしまいます。そしてもっと低次の部分の方が支配的である人のことを評価できなくなってしまいます。

古い時代には、そんなことはありませんでした。もしも人が誰かを他のみんなから区別して、例えば指導者に指名しようとするとしたのなら、そのときだけその誰かの今述べた本性に眼を向けたでしょう。

例えば古代において、本当にあらゆる点で顕著に、マナスを体現した人物が現れたとします。アハンカーラも体現していましたが、それは個人的な要素として、表面に現わさず、外への働きかけのためには、内部感覚であるマナスを顕著に働かせていたのです。

古い、特定の人類周期の法則に従うなら、このような人物は、――もちろんそういう人物が現れることは、めったになかったでしょうが――偉大な統治者、諸民族の上に君臨する指導者になるべき存在でした。ですから人びとは、その人物を他の人間と同じようには考えずに、その人物の際立った能力に従って、「マナスの人」と呼びました。他の人びとは、いわば「感性の人」で十分でした。

古代の人が、「この人は、マナスの人だ」、「この人はマヌだ」、と言ったとすれば、その呼び名は特定の人物のもっとも優れた能力に従った呼び名であり、その能力がまさにこの世において表面に現れている、という意味なのです。

もしも、ある人物が自分の中に神的な霊感を感じとり、認識においても、行動においても、頭脳に結びついた知性や感覚的知覚に従わず、もっぱら自分に語りかける神の言葉に耳を傾け、そのようにしてみずからを神の告知者にしていたなら、人びとはそのような人物を「神の子」と呼んだでしょう。ヨハネ福音書においても、そのような人たちは、「神の息子」〔複数〕として第一章の冒頭に提示されています。

その場合、本質的な点は、ある人物の中でこの重要なことが現れたとき、それ以外のすべてを不問に付したことでした。その他のことは、みんなどうでもよかったのです。ですから、今、二人の人がやってきた、としましょう。ひとりは普通の、感性の人でした。世界のどんな事柄も感性を通して自分に作用させ、そして頭脳と結びついた知性で思索しました。そしてもうひとりの中には、神的叡智の言葉が光を投げかけていました。

その場合、古代人の意識の意味では、こう言い伝えられたでしょう。――「一方の人はひとりの人間だ。父と母から肉によって生まれた。もう一人の人は神的叡智の告知者であり、通常の伝記からではその本質は分からない。」

第二の人物のためには、通常の伝記を書いても、何の意味もなかったでしょう。なぜならその人が肉体を持っていても、それはたまたまそうだっただけで、その人を理解する上で本質的なことではなかったのですから。肉体は、他の人と自分を区別するためのものにすぎなかったのです。ですから、人びとはこう言いました。――「神の息子は、肉によって生まれたのではなく、処女のような霊から直接生まれたのだ。」

つまり、この人が人類にとって価値があるのは、霊から生じたもの、霊に由来するものだけでした。古代においては、そのことだけが重要だったのです。秘儀参入者の弟子たちにとって、人間本性の高次の部分の際立った人物について、通常の意味で伝記を書き、通常の日常的な事柄だけにしか眼を向けなかったとしたら、この上なく大きな罪を犯したことになったでしょう。そういう古代の志を少しでも保っている人にとっては、こんにちでも、例えばゲーテの日常だけの伝記を書くのは、途方もなく勿体ないことなのです。

そこで考えてみて下さい。そういう感性、感情で生きていた古代の人びとは、マナスを中心に生きているような「マヌ」がめったに現れないこと、長い年月を待って初めて現れることを、当然のこととしていました。

さて、そこでさらに今、私たちの「人類期」の人間の中のもっとも深い本性について考えてみたいのです。どんな人の魂をも高みへ引き上げてくれるような、人間の秘められた諸力だけが予感できるような何かについてです。そういう何かは、通常の人の場合、素質（Anlage）としてしか存在していないのですが、めったにないことですけれども、ある人物の本質部分となって現れることがあるのです。その場合、その人物は他の人びとの導師となるために生まれてきたのです。この人物の本性は、一切のマヌよりももっと高次のありようを示しています。そういう本性が現実に姿を現わすのは、ひとつの宇宙紀に一回だけなのです。

こういう考え方をするとき初めて、私たちはクリシュナの本質に迫っていけるのです。クリシュナは人間一般です。というか、人類そのものです。人類そのものがひとりの人間としてイメージされているのです。しかしクリシュナは、抽象ではありません。こんにちの人が人類一般について語るときは、抽象概念として語ります。こんにちの私たちにとって、つまり、完全に感覚世界の中に取り込まれている私たちの運命にとって、人類一般は抽象的にしか表象できなくなっています。私たちが人間一般について語るときには、まったく生命のない、漠然とした概念として語っているのです。しかしクリシュナを人間一般として語る人は、こんにちの人のように、抽象的にクリシュナを語るのではなく、こう語ります。――「そうだ、この本性は、素質としては、どの人間の中にも生きている。しかし個人としても、各宇宙紀に一度だけ現れて、人間の口を使って語るのだ。」

ただこの本性の場合は、外的な肉のからだが大切なのではなく、また、より精妙なエーテル体、感覚器官の働きが大切なのでもありません。アハンカーラとマナスが大切なのでもなく、ブラフマンとアートマンが、つまり偉大な一般的宇宙実体［複数］、つまり宇宙を通して生きて働いている神的なるものと直接関わるものが大切なのです。

アルジュナの偉大な導師であるクリシュナがそうであるように、時代の流れの中で、人類を指導する本性たちが現れます。クリシュナは最高の人間叡智、最高の人間本性を教えます。そして、その本性こそが彼自身の本性である、と教えます。そしてこの本性は、どの人間本性の中でも、親和した絃の音を響かせます。なぜなら、クリシュナの言葉の中にあるものはすべて、どの人間の魂の中にも素質として存在しているからです。

そのようにして人間は、クリシュナを仰ぎ見ることで、同時に自分自身の最高の自己をも仰ぎ見ます。しかも同時に、他者の最高の自己をも仰ぎ見るのです。この他者の最高の自己も、他者がその人の前に立つことができるように、その人の前に立つことができるのです。そしてその人が、他者の中に、同時に、自分の素質を見てとるとき、自分にとっての神のように、自分であって同時に自分でないものを敬うのです。そのように私たちは、クリシュナとその弟子アルジュナとの関係を表象しなければなりません。

次いで「ギーター」の基音（Grundton）も響いてきます。この基音は、どんな人の魂の中にも浸透していくように聞こえます。まったく人間的に親しみのある響きですので、偉大なクリシュナの教えに耳を傾けたいという憧れが自分の中に感じられなかったら、自分が恥しくなってしまうように響くのです。

その一方でギーターのすべては、平静で、どんな情熱からも自由で、崇高で、賢明であるように見えます。なぜなら、至高のもの、どんな人の本性の中にも存在する神的なものが語るのですから。しかもその神的なものは、神的＝人間的な本性となって、一度、人類進化の中に受肉して現れているのです。

皆さん、この教え［複数］は言葉につくせぬほどに崇高です。この「ギーター」が「崇高なる歌」（バガヴァッド・ギーター）という名をもっているのは、本当にふさわしいと思えます。

このギーターではまじめに、昨日お話ししたあの偉大な教えが私たちに伝えられます。崇高な言葉で、そして崇高な状況の中で、です。――この世で生起するすべては、生成と消滅、誕生と死、勝利と敗北という外見上の形をとって生起するとしても、そのすべての中には、不滅なもの、永遠なるもの、持続するもの、存在するものが現れている。世界を正しく観ようとする人は、無常なるものからこの不滅なるものにまで入っていかなければならない。

このことは、すでにサーンキヤによって、つまり一切の無常なるものの中に不滅のものが現れている、という思慮深い考察によって、私たちに伝えられました。言い換えれば、敗者の魂と勝者の魂は、死の門がこの両者の背後で閉じられるなら、神の前ではまったく同じだという考察です。

しかしクリシュナはさらに、弟子アルジュナのために、別の道を通っても、魂は日常性の観点から離れることができる、と語ります。それはヨーガの道を通って、です。

魂が畏敬をもつことができるなら、その魂は別の方向で進化を遂げます。一つの方向は、現象から現象へ進み、そのいたるところで、見霊によって照らし出された理念能力であれ、見霊によらない理念能力であれ、みずからの理念能力を働かせるのです。

もうひとつの方向は、一切の注意力を外界から引き離します。感覚の門を閉ざし、理性と悟性による外界についての発言を閉ざし、日常生活の中で経験するすべての記憶を閉ざします。そして内面に集中して、必要な練習［複数］を通して、自分の魂の中に存在しているものを取り上げます。至高のものとして予感できるもの、畏敬の力によってみずからを高めることのできるもの、そこに魂を向けるのです。

このことが達成されたなら、ヨーガによって、高次の段階［複数］へますます昇っていきます。もし私たちがすべての肉体の道具から離れ、いわばからだの外で、人間存在の高次の部分の中で生きることができるようになると、私たちはあの高次の諸段階へますます高まっていきます。

このようにして私たちは、人生のまったく新しいあり方の中へ入っていきます。人生の諸現象、人生の諸活動は、霊的になっていきます。私たちはみずからの神的存在にますます近づき、自己存在を宇宙存在にまで拡げ、人間を神にまで拡げます。自己存在という個別的な制約は失われ、ヨーガによって万有とひとつになるのです。

次いで取り上げる手段［複数］は、偉大なクリシュナの弟子があれこれのやり方でこの霊の高みへ上っていくことのできる手段です。その場合、まず区別しておかなければならないのは、この世での状況の相違です。というのは、ギーターがとりあげるのは、ある偉大な状況のことなのですから。アルジュナは、血縁のある人たちと戦わなければならないのです。このことがアルジュナの外的な運命なのです。これがアルジュナの働きであり、彼のカルマであり、この状況の下で果たさなければならない彼の行動のすべて、です。その行動をするアルジュナは、はじめは外的な人間です。しかし偉大なクリシュナは、アルジュナをこう諭します。――

「人間は行為するとき、神的で不滅なものと結びつくことで、はじめて賢者になれるのだ。なぜなら行為は、自然や人間の進化の外的経過の中でこそ、その必然的なありようが現れるのだから。けれども、賢者はこのような行為からも解放されていなければならない。人間は行為する。しかし同時に、その行為を見ている者もその人間の中にいる。その見ている者は、行為にはまったく関わらない。むしろこう語るのだ。――私は行為をする。しかし私は成り行きにまかせている。なぜなら自分のやったことなのに、まるで別の誰かがやったかのような態度をとり、行為の結果生じる喜びや苦しみには、無関係な態度をとるとき、人は賢者になるのだから。」

さらに偉大なクリシュナは、弟子のアルジュナにこう語ります。――

「お前がパンドゥ家の一員であるのか、それともクル家の一員であるのかは、どうでもいい。お前は賢者として、パンドゥ家からもクル家からも自由でなければならない。お前はパンドゥ家の一員であるかのように、パンドゥ家のために働くことができるし、クル家の一員であるかのように、クル家のために働くこともできる。大切なのは、そういうことがお前を一喜一憂させないことだ。お前がそういうすべてを超えているなら、もしもお前がみずからの行為の中で、まるでその行為が風から護られた場所でゆっくりと燃えている焔のように生きているなら、なんらかの外的なものに一喜一憂しないなら、魂が自分の行為に左右されず、自分の行為の傍らで内的に平静に生きているなら、お前の魂は賢者にふさわしい魂になる。その魂は自分の行為から解放される。その行為がどんな結果を生じさせるか、知ろうとしなくなる。なぜなら、行為がどんな結果を招くのかは、私たちの狭く限定された魂の問題にすぎないからだ。しかし私たちの行為が人類の、そして世界の経過の求めに応じたものであるなら、その行為が恐しい結果を生じさせるのか、それとも喜ばしい結果になるのか、私たちを苦悩へ導くのか、それとも喜びに充ちたものになるのか、そういうことに心をわずらわされずに、ただ行為に励めばよい。」

自分を行為から超越させよ、というのです。私たちの手が何を行おうとも、――ギーターの状況をふまえて言えば――私たちの剣をどこへ向けようとも、私たちの口が何を言おうとも、口で語り、手で行うすべてに対して、私たちの自己がしっかり向き合い続けること、このことこそ、偉大なクリシュナが弟子のアルジュナに与えた導きだったのです。

このようにして偉大なクリシュナが弟子アルジュナに語った人間本性のあるべき姿とは、次のようなものでした。

――「私は私の行為［複数］を行う。しかしその行為を私がやるのか、別の誰かがやるのかは、どうでもいい。私は自分の行為を、そのように見ている。私の手がやったこと、私の口が語ったこと、それを私は、山肌の岩がはげ落ちて、谷底へ落ちていくのを見るときと同じように、客観的に見ている。私はそのように自分の行為に向き合っている。こうして私があれこれのことを認識するとき、世界についてあれこれの概念を作るとき、私はそういう概念とは異なる何かであり続けている。私が言いたいのはこういうことだ。――私の中で、何かが私と結びついて生きている。その何かが認識している。しかし私は、私の中でその何かが認識しているのを観ている。そのときの私は、私の認識からも、自分の行為からも自由になっている。自分の行為から、自分の認識から自由になりうること、そこに賢者の高い理想が現れている。

そして霊的なところにいるときにも、同じことが言える。私に悪魔［複数］が近づこうと、聖なる神々が近づこうと、そのすべてを私は自分の外に見る。霊界で、私の周囲で何が演じられていようと、私はそのすべてから自由でいられる。私は観察しつつ、自分の道を進む。私が関与している事柄においても、本当の私は関与していない。なぜなら、私は観察者になっているのだから。」

以上がクリシュナの教えです。

御承知の通り、クリシュナの教えはサーンキヤ哲学の上に立っています。ですから「ギーター」の多くの箇所で偉大なクリシュナが弟子アルジュナにこう語るのを知っても、納得できると思います。

――「お前の中に生きている魂は、さまざまな仕方で結びつきをもっている。粗野な肉体と結びつき、諸感覚、マナス、アハンカーラ、ブッディと結びついている。しかしお前はそのすべてからも離れている。もしお前がこれらすべてを外なるものであり、莢《さや》であり、お前の周囲にあるものだと考え、お前自身は魂の存在として、そのすべてから独立していることを意識しているなら、クリシュナが何をお前に教えようとしているのか分かるだろう。そして外界、世界そのものとお前との関係が、三つのグナ、タマスとラジャスとサットヴァによって与えられていることをはっきり意識しているなら、通常の生活の中での人間がサットヴァを通して叡智と善に結びつき、ラジャスを通して情熱、激情、生きることへの渇望と結びつき、タマスを通して怠惰、眠気と結びつくのが分かるであろう。」

なぜ人は、叡智と善に熱中するのでしょうか。なぜなら、サットヴァによって見えてくる自然の根底と結びついているからです。なぜ人は通常、外的な生活に喜びを見出しているのでしょうか。なぜならラジャスが求める生活と結びついているからです。なぜ人は通常、眠くなり、だらしなくなり、いいかげんになるのでしょうか。なぜ人は身体にまったく支配されていると感じるのでしょうか。なぜ人は気をしっかりと保って、どんなときにも身体を克服するように努めないのでしょうか。なぜなら、人はサーンキヤ哲学で言うタマスを通して、外的形態の世界と結びついているからです。

しかし賢者の魂は、タマスから自由にならなければなりません。眠気、だらしなさ、いいかげんさという、外界との関係から離れなければなりません。一切のだらしなさ、眠気、一切のいいかげんさがなくなれば、魂は外界と、ラジャス、サットヴァの関係だけをもちます。また、情熱や激情、生きることへの渇望をも根滅して、善と同情と認識だけを求めるなら、サーンキヤ哲学の言うサットヴァによる外界との関係が身近になります。

しかし人が善と認識による一切のこだわりをもすてて、自由になるとき、善なる人、賢い人であることからも、外的に行う言行からも、自分の善や認識からも自由でいられるとき、そして善が当然の義務となり、叡智が自分の内なる何かになるとき、その人はサットヴァ関係をも脱ぎすてます。

こうして三つのグナのすべてを脱ぎすてた人は、外的な形態との一切の関係から離れたのです。そのとき、その人は魂の中に偉大なクリシュナが何を育てようとしているのか、納得できるようになります。

そもそも、偉大なクリシュナが理想として示してくれたものに向って努力する人は、何を学んでいるのでしょうか。外なる世界の諸形態を正しく理解することでしょうか。そうではありません。そういう諸形態なら、すでに理解しています。そうではなく、その人はその諸形態を超えるのです。そのときの彼は、魂とこの外的諸形態との関係を正確に把握するのでしょうか。そうではありません。そういうことなら、彼はすでに理解していました。そうではなく、その人は今、そういうことから超越するのです。

三つのグナを脱ぎすてるというのは、外界で向き合うことのできる多様な形態と自分との関係を理解することではありません。そういう事柄はすべて、以前の段階［複数］に属することなのです。

タマス、ラジャス、サットヴァに留まる限り、人は存在の自然的基盤の上に立って、社会的諸関連を持ち、認識を獲得し、善と同情の能力を育てています。

しかしこういうすべてを超越するというのは、これまでの諸段階におけるこういう関係性のすべてを脱ぎすてることなのです。

そのとき、人は何を認識するのでしょうか。そのとき、眼の前に何が現れるのでしょうか。

そもそもそういうすべては存在していないということ、そのことを認識するのです。そのことが眼の前に現れるのです。でも、そういうすべてから区別されるもの、三つのグナとして認識するすべてから区別されるもの、そういうものがありうるのでしょうか。

人が自分の本性として認識するもの以外には何もありません。なぜなら、外界に存在するその他一切のものは、これまでの諸段階で、すべて脱ぎすててしまったのですから。

この自分の本性とは何なのでしょうか。クリシュナ以外の何ものでもありません。なぜならクリシュナ自身が私たち自身の最高のものの表現なのですから。つまり、私たちは、最高のものに向って働くとき、クリシュナに向き合うのです。弟子は偉大な師に、アルジュナはクリシュナに向き合うのです。クリシュナは万有の中に生きています。だからクリシュナは自分のことをこう語ります。――「私は一つひとつの山ではない。私が山々の中にいるとしたら、私は山々の中のもっとも巨大な山だ。私が地上に現れるとき、私は一人ひとりの人間ではない。至高の人間となって現れる。その人間は各宇宙紀に一回だけ、人間の指導者として現れる。すべての形態を統一するもの、それが私であり、クリシュナである。」

このように師匠自身が、その本性を現しながら、弟子の前に現れます。しかしバガヴァッド・ギーターでは、同時に、人間が到達しうる最高のもの、圧倒的な何かが明かされます。それがアルジュナの学んだクリシュナの教えなのです。至高なるものへの道は、段階を追って進むヨーガの道、秘儀参入の道です。しかしこの道はまた、人類の進化そのものの流れからも生じます。ギーターではいわば恩寵によって人間に与えられるものとして、次のように述べられています。

アルジュナは、突然高いところへ引き上げられたかのようにして、肉身のまま、クリシュナの前に立ちます。ギーターは、そのようにクリシュナとアルジュナとの出会いの場に読者を導き入れます。クリシュナは今、血や肉をもつ人間として、アルジュナの前に立つのではないのです。他の人と同じような人間だったら、非本質的な自分をアルジュナに示すことになります。けれども実際、本質的なものはすべて、人間の中にあるのです。

人間以外の世界(宇宙)領域〔複数〕は、いわばばらばらにされた人間のようなものなのです。他の領域のすべては、クリシュナにとって、そのようなものでしかありません。他の世界領域は消えてしまいます。そして、クリシュナだけがひとり、そこにいます。ミクロコスモスに対するマクロコスモスとして、小さな日常の人間に対する人間そのものとして、今、クリシュナが立っています。

クリシュナが恩寵を通して人間の前に現れるとき、人間の把握力では歯が立ちません。なぜならクリシュナは、人間の見ることのできるすべてとは、まったく違った姿で現れるのですから。クリシュナの本性は、最高の見霊力によってしか見ることができないのです。人間の姿は他のすべての形態からとびぬけていますが、それとはまったく異次元の世界で、クリシュナの最高の本性の姿が現れるのです。ですからクリシュナは、ギーターの中のある場面でのみ、私たちの眼の前に、マクロコスモスの人間となって現れます。それに較べれば、世界中のどんなものも、みんな限りなく小さく見えます。

ですから、アルジュナは何が何だか分からなくなってしまいます。アルジュナはただ見つめることしかできません。そしてどもりどもり、何を見ているのか、語ります。彼は今見るものをどう見たらいいのか、どう語ればいいのか、まったく分からないのです。

にもかかわらず、クリシュナがアルジュナの前に立った瞬間に、アルジュナの行った記述は、見事でした。実際、そのときのアルジュナの言葉は、芸術的にも哲学的にも、かつて人類が行ったもっとも偉大な記述に属するものだったと言えます。

アルジュナがそのように語るのは、はじめてのことです。その言葉は普通ではありません。以前ならそのように語ることなどまったく不可能でした。なぜなら、そのようなものを見たことはなかったのですから。偉大なクリシュナを眼にしたときの言葉を、アルジュナは心の奥底からしぼり出すのです。彼はこう語ります。――（以下は、「バガヴァッド・ギーター」第十一章一五から二六まで。田中嫺玉訳）

〔一五〕アルジュナ言う

「おお、わが神よ！　あなたの体内に
あらゆる神々と多様多種な生物が見えます
蓮華の上に坐すブラマーもシヴァ大神も
あらゆる聖賢が　そして聖なる蛇たちが――

〔一六〕

おお宇宙の御主《おんあるじ》よ　あなたの普遍相《おすがた》のなかに

無数の腕が　無数の腹が　無数の口や目があります
一切処に遍満して辺際なく
終わりも中間も始めも見えません

〔一七〕
真昼の太陽か燃えさかる大火焔《えん》のように
十方にひろがる光彩はあまりにも眩《まばゆ》いが
それでも到る処に様々な宝冠　棒　円盤等で荘厳した
白光を放つあないあなたの御姿を見ています

〔一八〕
あないあなたは究極の真理なる大実在
宇宙の本源なる大御親《おおみおや》
永遠の宗教の保護者なる大神
人類の記憶を超えた最古の御方だと私は確信する

〔一九〕

始まり無く　中間無く　終わり無く

無限の力と無数の腕を持ち太陽と月はあなたの両眼

口からは光り輝く火炎を吐き

あなたの光輝《ひかり》で全宇宙は燃え上がっている

〔二〇〕

あなたは唯一身《ひとり》で　天と地の間の

一切の空間にあまねく充満している

その不可思議の極み　その恐るべき相《すがた》を見て

三界ことごとく畏懼震撼《いくしんかん》している

〔二一〕

神々の集団《むれ》はすべてあなたの中に吸いこまれていく

恐れおののいて合掌し祈りを捧げる神々もある
大聖者《マハーリシ》や大覚者《シッダ》の群《むれ》は　〝善哉善哉《すべてよし》〟と叫び
あなたを讃美し讃歌を合唱する

〔二二〕
ルドラ諸神　アーディティヤ諸神　ヴァス諸神
サーディヤ諸神　ヴィシュヴェデーヴァたち
アシュヴィン二神　風神たち　楽神《ガンダルヴァ》たち
ヤクシャ　アスラ　シッダたちすべて　驚嘆してあなたを仰ぎ見る

〔二三〕
何という強大な御方か　数えきれぬ顔と
目と腕と股と足と腹と　そして恐ろしい歯と——
あなたの言語に絶する姿を見て
三界は私と同じように畏《おそ》れおののく

〔二四〕

一切処に遍満するヴィシュヌよ
様々な色の眩《まばゆ》い光を空に放ち
無数の口を大きく開き眼は爛々《らんらん》と燃えさかる
ああ、あなたの姿を見て私の心は恐怖にゆれ動く

〔二五〕

神々の支配者たる至上主よ　全宇宙の保護者よ
何とぞ私を憐《あわ》れんで慈悲を与えたまえ
激怒した死神のような御顔とすさまじい歯を見て
私は恐怖に身がすくみ　どうしていいかわからない

〔二六〕

ドリタラーシュトラの息子たちも

彼らと同盟した諸国の王たちも
ビーシュマ　ドローナ　カルナもみな……
ああ　そして味方の将軍　戦士たちもみな……

一人っきりで、自分の本性がこのような仕方で客観的に現れるときのアルジュナは、そのように語ります。私たちは大きな宇宙の秘密を前にしています。理論的な内容が秘密なのではなく、その内容が私たちの中に生じさせる圧倒的な感情のゆえの大きな秘密なのです。その秘密があまりに秘密に満ちているので、これまで世界の中の何かが人間の感情に語りかけてきたときとはまったく違った仕方で、人間のすべての感情に語りかけてくるのです。

クリシュナ自身がアルジュナの耳に語りかけるときは、ですから、このように響いてきます。——

〔三二〕至上者《バガヴァーン》こたえる
「わたしは〝時《カーラ》〟である
もろもろの世界の大破壊者である
わたしは人々を滅ぼすために此処に来たのだ
お前ら兄弟を除いて両軍の将兵はすべて殺される

〔三三〕
故に立ち上がれ　戦って栄誉を勝ちとれ
敵を征服して王国の繁栄を楽しむがよい
わたしは既に彼らの死を決定したのだ
弓の名手よ　ただ〝戦う道具〟となれ

〔三四〕
ドローナ　ビーシュマ　ジャヤドラタ　カルナはじめ
他の豪傑たちの命は既にわたしが奪った

故に彼らを殺しても決して悩むことはない
ただ戦え　お前は勝って敵は滅びるのだ」

御存知のように、アルジュナへのクリシュナの教示はすべて、馭者がドリタラシュトラに報告しているかのように物語られています。詩人が直接物語る、という形式をとっていません。「クリシュナはアルジュナにこう語った」、というのではなく、ドリタラシュトラの馭者サンジャヤがクル族の王である盲目の英雄に報告しているという形式をとっています。

サンジャヤは、以上のすべてを報告したあと、さらに次のように語り続けます。

―――

〔三五〕　サンジャヤ言う

王よ　至上主《バガヴァーン》のこの言葉を聞いて

アルジュナは震えながら何度も礼拝し
畏怖のため口ごもりながら
次のようにクリシュナへ言上しました

〔三六〕アルジュナ言う
「感覚の支配者《フリシーケーシャ》よ　あなたの御名を聞いて
全世界は歓喜し　生類はすべてあなたを愛慕する
魔族《ラクシャサ》は恐れて八方に逃げ散り
完成者《シッダサーンガ》たちはあなたを讃美し礼拝する

〔三七〕
ブラマーより偉大な　万有の始祖であるあなたを
彼らが礼拝し讃美するのは当然のこと
あなたは無限者　神々の支配者　全宇宙の安息所
不滅の大源　全ての原因の大原因

有無を超越した御方

本当に私たちは宇宙の一大秘密の前に立っているのです。なぜなら、アルジュナは自分の前に自分自身の本性がからだをもった者として立っているのを見ているのですから。それでアルジュナは、この自分自身の本性に向って、その姿がブラフマン（造物主）自身よりももっと偉大であるように見える、と語るのです。

私たちはひとつの秘密の前に立っているのです。なぜなら、もしも人間が、自分自身の本性のことをそのように語るとしたら、その言葉は、通常の生活の中で見出せるような考え方、感じ方のどこからも理解されることのない言葉になってしまうのです。ですからアルジュナのこの言葉を日常、体験しているような感情と結びつけるくらい危険なことはないのです。人が日常的な感情でこのアルジュナの言葉を受けとめること以上に危険なことは考えられません。日常的ななんらかの感情をここでアルジュナの語る言葉と結びつけるなら、この言葉がまったく特別な言葉であることをやめたなら、この言葉を宇宙最大の秘密だと受けとめられなかったなら、つまり、人間自身の高次の本性であるクリシュナに通常の感情、感性で臨むことによって陥る妄想に較べたら、どんな狂気も大したことではなくなってしまいます。

〔三八〕

あゝ、あなたは最初の人格神　最古老の太祖
全世界の安息所　そして全てを知り　また
知り得るもの全てである究極の目的
あゝ、あなたの変化無限の相《すがた》で全宇宙は満ちみちている

〔三九〕

あゝ、あなたは風神であり死神ヤーマです
そして火神アグニ　水神ヴァルナ　月神シャシャンカ
そして最初の生物《ブラジャーパティ》　そして大老祖《ブラビターマハ》
私は幾千度も讃嘆し礼拝する　南無　南無　南無！

〔四〇〕
あなたを前から礼拝し　後ろから礼拝し
横から斜《なな》めから十方から礼拝したてまつる
ああ無限の力　無限の権能《ちから》をもつ御方よ
あなたは一切処に遍満し　全てはあなたです

〔四一〕
あなたの無限絶大な権能《ちから》も知らず
愚かにもただ親愛なる友人と思いこんで
クリシュナ　ヤーダヴァ　友よ　などと呼んでいた――
愛するあまりの私の数々の非礼を許して下さい

〔四二〕
くつろいだ時はあなたに冗談を言ったり

同じ寝床にねころんだり一緒に座ったり食べたり
二人だけの時も大勢のいる前でも　幾たびも不敬なことをした
大いなる御方よ　どうぞ私の誤《あやま》ちをお許し下さい

〔四三〕

あゝ、あなたは全宇宙の万生万有の御《おん》父
すべてのものが拝み従う無上の導師
あゝ、あなたと同等な者は無く同座できる者も無い
測り知れぬ力をもつ御方よ　あゝ、あなたに勝《まさ》る者は三界に皆無です

〔四四〕

あゝ、あなたは全生物に礼拝される御方
私は五体投地して礼拝し慈悲を乞う
父が息子の生意気をゆるし　友が友の非礼をゆるし
妻が夫の浮気をゆるすように私の誤ちをゆるして下さい

〔四五〕

未だかつて見たことのない御相《かほ》に接し
歓喜《よろこび》と同時に私の心は怖れおののく
神々の支配者よ　全宇宙の保護者よ
何とぞ御恵をもって　もう一つの御神姿《おすがた》をお見せ下さい

本当に、人間本性が人間本性にこういう仕方で語りかけるとき、私たちはひとつの秘密を眼の前にしていることになります。そうすると、クリシュナがその弟子にこう語るのです。――

〔四七〕至上者《バガヴァーン》語る

「アルジュナよ　わが神力により

この普遍相を君に見せたことを喜んでいる
光り輝く無方辺の相《すがた》　元始根源の姿を
いままで誰一人として見た者はいない

〔四八〕
アルジュナよ　君より以前《まえ》に
い、い、
わたしの宇宙普遍相を見た者はない
ヴェーダの学習や　どのような供犠　慈善　苦行によっても
物質界《このよ》でこの形相《すがた》のわたし、い、を見ることはできない

〔四九〕
い、い、
わたしのすさまじい形相《すがた》を見て
君は怖れうろたえたが
さあ　もう安心するがよい——そして
君の望み通りの姿を見なさい」

〔五〇〕サンジャヤ言う
至上者《バガヴァーン》クリシュナはアルジュナにこう言って
四本腕の姿を示した後
もとの二本腕の姿にもどって
怖れおののいているアルジュナを慰めました

〔五一〕
もとの姿になったクリシュナを見てアルジュナは
「クリシュナよ
人間の姿になったまたとなく美しいあなたを見て
私の気持は落ち着きました」と申しました

〔五二〕至上者《バガヴァーン》語る
「愛するアルジュナよ

いま君が見てたわたしの姿を
見ることは　まことに難しいのだよ
神々でさえこの姿を見たいと常に憧れている

〔五三〕

いま君が見ているわたしの姿は
ただヴェーダを学んだだけでは見えない
厳しい苦行や慈善　供犠を重ねても見えない
そうした手段ではわたしの真実の姿は見えないのだ

〔五四〕

アルジュナよ
わたしを信じ愛慕することによってのみ
いま君の前に立っている真実の姿を見得るのだ
わたしの神秘に参入できるのは

この方法をおいて他に無いのだ

〔五五〕
アルジュナよ　利得の業を離れ　空理空論を捨て
わたしを愛慕し　わたしのために働き
わたしを至上目的とし　一切生類に思いやりをもつ者は
必ず　疑いなくわたしのもとに来るのだ」

私たちはバガヴァッド・ギーターが物語る宇宙のひとつの秘密に今、出会うのです。その秘密は、人類の重要な宇宙時に告げられた秘密です。その宇宙時には、血と結びついた古い見霊がやみます。そして人間の魂は無限への、不滅への新しい道〔複数〕を求めなければなりません。

この秘密が私たちに提示されるのは、人間が自分にとって危険になりうるすべてを、人間が外界に生まれ出たとき、自分の本性を観じつつ、知覚するときなのです。

この人間と宇宙のもっとも深い秘密を真の自己認識を通して受けとるなら、宇宙最大の謎の前に立つことになります。しかし、それには謙虚でなければなりません。宇宙の秘密に近づくためには、理解力だけでは不十分なのです。そのためには、正しい感受性がなければなりません。バガヴァッド・ギーターの語る宇宙の秘密に近づくためには、畏敬の念がなければならないのです。その秘密を畏敬の心で感じとることができたときが、その秘密を完全に把握したときなのです。

人類進化の一定の段階において、ギーターにおける以上の前提をふまえて、どのようにこの秘密を知ることができるのか、そしてギーターの中で示されているものを通して、どのように、パウロの書簡のような別のありようのためにも光を投げかけることができるのか、これからこの連続講義の中で、この問題に取り組んでいきたいと思います。

第四講

ケルン　一九一二年一二月三一日

昨日の話の冒頭で申し上げたように、一方で「バガヴァッド・ギーター」の一貫した、平静な、情熱や激情にとらわれぬ、真に賢明な内容を私たちの魂が受容し、他方で、多くの点で個人的な情熱や意図や見解に貫かれた、扇動的で宣伝上手な印象を与え、ときにはおこりっぽく、怒鳴るような口調になってしまう「パウロの書簡」の内容を受容するとき、その違いのあまりの大きさに驚かされます。

それどころか、そこで問題にされている思想内容を表現するときの表現の仕方に注意を向けると、まず、ギーターの芸術的に完成された、詩的にも、哲学的にも、それ以上のものは考えられぬくらいに完成された表現形式に出会います。

それに反して、パウロの書簡の場合、しばしば表現が不器用になり、ときにはそこから深い意味を取り出すのがおぼつかなくなってしまいかねません。

それにもかかわらず、パウロの書簡の中には、キリスト教の発展を指導するものが表現されています。ですから、ギーターの中で響き合っている東洋の世界観〔複数〕とパウロの書簡とを対比させるのは、大事なことなのです。実際、パウロの書簡の中には、復活、律法に代わる信仰の意味、恩寵の働き、魂もしくは人間意識の中でのキリストの働きなど、その他多くのキリスト教の基本となる真実が見出されます。ですから、キリスト教を表現するときには、どうしてもパウロの書簡から出発しなければならなくなるのです。

キリスト教に関しては、パウロの書簡の中にすべてが含まれています。ちょうどバガヴァッド・ギーターの中に、仕事に没頭することで、仕事から、日常生活から自由になって、事柄の考察へ、魂の沈潜へ、霊界への魂の高まりへ、魂の純化へ、つまりギーターの意味で語れば、クリシュナとの合一へ向っていくことの偉大な真実が語られているように、です。

けれども、これまで述べてきたことのすべては、バガヴァッド・ギーターとパウロの書簡という二つの霊的な開示の比較をとても難しくしています。外から比較するだけですと、疑いもなく、バガヴァッド・ギーターの純粋さ、平静さ、賢明さの方がパウロの書簡よりも優れている、と思わざるをえません。

でも外から優劣を比較する人は、一体何をしているのでしょうか。その人は次のような比較をしているのです。美しい花を見事に開花させている植物の横に、芽の出たばかりの植物を並べて、こう言うのです。――「すばらしい花を咲かせているこの植物の方が、その隣りの、芽を出したばかりの、目立たない植物よりもはるかに美しい。」

けれども美しい花を咲かせている植物の隣りの、この芽を出したばかりの植物から、将来、どんな美しい花が開花するか分かりません。ですから、十分に育った植物と芽を出したばかりの植物を単純に並べて比較しても、正しい比較にはなりません。バガヴァッド・ギーターとパウロの書簡を比較するときにも、同じことが言えます。

バガヴァッド・ギーターの中には、完全に熟し切った果物のようなものがあります。長い間の人類進化がこの上なく見事な、美しい実を実らせているのです。その実は数千年にわたって生長し続け、最後に見事な「ギーター」となって、成熟した、賢明な、そして芸術的な表現を示しています。

一方、パウロの書簡の場合は、新しいものの萌芽が現れています。この新しいものは、もっともっと成長していかなければ、本質が見えてきません。

この新しいものの本来の意味を実感するには、それがまさに萌芽であることをふまえるのでなければなりません。その萌芽は、今後数千年、そしてさらに数千年の年月をかけて、未来へ向けて、新しい宇宙紀へ向けて進化を遂げていかなければなりません。今パウロの書簡の中で萌芽として現れているものは、今後どこまでも成熟していかなければならないのです。

このことを顧慮するとき初めて、正しい比較ができます。しかしその場合には、いつか将来、偉大であるべきものが、はじめはまったく目立たない姿でキリスト教の深みの中から、パウロの書簡となって、混沌とした状態で、人類の魂の中から出現したことの意味を考慮しなければならないのです。

ですから、一方でバガヴァッド・ギーターの意味を、他方でパウロの書簡の意味を、地上の人類進化全体との関連で知ろうとする人は、出来上った作品の美と叡智と形式上の完成度に関して、評価しなければならない人とは、違った仕方で考察しなければならないのです。

バガヴァッド・ギーターとパウロの書簡との中に現れている二つの世界観を比較しようとする人は、まず次のような問いを立てなければなりません。――「その場合、何を基準にして比較するのか。」

考察対象である世界観を歴史的に展望するのなら、人類進化における自我の育成にまず眼を向けなければなりません。自我を人類進化の中で考察するとき、こう語ることができます。――「キリスト以前の文化においては、自我をまだ独立させることなく、自我はいわば魂の根底に隠されていた。自我を自我独自の仕方で進化させる衝動が抑えられていた。」

人類進化の中で自我を独自の神的性格をもつものにするためには、この自我の中に、私たちが「キリスト衝動」と名づける衝動を組み込まなければなりません。ゴルゴタの秘蹟以来、人間自我の中に存在できるようになったもの、パウロの言葉「私ではなく、私の中のキリスト」として表現されているもの、それは、それ以前の自我の中では、まだ意識化されずにいました。

けれども、キリスト衝動を近いところから考察できるようになったゴルゴタの秘蹟にいたるまでの一千年間に、ゆっくりと、人間の魂の中にキリスト衝動が組み入れられる準備がなされました。特に、アルジュナとクリシュナの関係として表現されているような仕方で、準備がなされました。

ゴルゴタの秘蹟以後、人間が自分の内に見出そうとしてきたキリスト衝動、つまりパウロの言葉「私ではなく、私の中のキリスト」（「ガラテヤの信徒への手紙」二の二〇）の意味でのキリスト衝動を、ゴルゴタの秘蹟以前の人間は、外なる神の中に求めなければなりませんでした。つまり宇宙の彼方から働きかけてくる啓示として、受けとらなければなりませんでした。そしてこの外から来る啓示は、時代を遡れば遡るほど、ますます輝きを増し、ますます力を増していました。

ですから、こう言うことができます。――「ゴルゴタの秘蹟以前の時代には、人類に対して、特定の啓示が与えられていた。そのような人類への啓示は、ちょうど日の光が外から事物に降りそそぐように生じた。光が外から事物に降りそそぐように、霊的太陽の光が外から人間の魂に降りそそぎ、そして人間の魂を明るく照らした。」

ゴルゴタの秘蹟以降の人間の魂の中に働きかけるキリスト衝動、言い換えれば霊的太陽の光については、次のように言うことができます。――「まるで内部から輝きを発する光源体を眼の前にしているかのようだ。」

こういう考察をすると、ゴルゴタの秘蹟という事実が人類進化の決定的な区分（Grenze）になっていることが分かります。このゴルゴタの秘蹟の前と後で、歴史が大きく分かれるのです。

この関連全体は、次のように象徴的に表現できます。――この円（右）を人間の魂であるとしますと、霊の光が四方八方から、つまり外からこの人間の魂を照らします。次いで、ゴルゴタの秘蹟が起こります。そしてそのあとの魂が自分の中にキリスト衝動を抱くなら、そのキリスト衝動（左）は、自分の中から外へ輝き出るのです。

キリスト衝動以前の魂は、私たちにとって、四方八方から光を受け、その光を反射する水滴であるかのように見えます。ゴルゴタの秘蹟以後、魂がキリスト衝動を受け容れることができたなら、その魂は内から光り輝き、その光を外へ放射するように見えます。

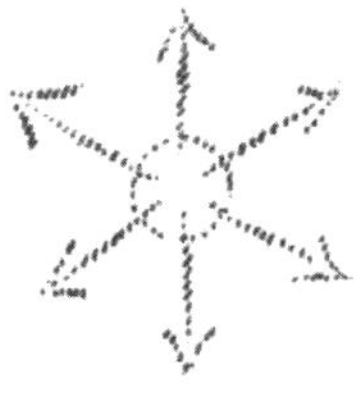
衝動

教養

このことに注意を向けるとき、この関連全体を、サーンキヤ哲学から学んだ概念で、表現することができます。

私たちはこう言うことができます。――「ゴルゴタの秘蹟以前、霊の光が四方八方から魂に輝きを送り込んでいたときの魂に眼を向けるなら、この魂のあり方は、サーンキヤ哲学の表現を用いれば、サットヴァ状態にあると言えるであろう。

これに対して、ゴルゴタの秘蹟以後の人間の魂は、私たちがその魂を外から、いわば霊眼で考察するなら、まるで魂の深層に霊の光が隠されているかのように、そして魂的であるものがこの霊の光を隠しているかのように見える。ゴルゴタの秘蹟以後、キリスト衝動の中に含まれて存在している霊の光は、魂の実体に包み込まれているかのようだ。」

実際、この魂と霊との関係は、私たち自身の時代にまで続いているのではないでしょうか。人間が外で体験するすべてに関して、特に私たちの時代において、この魂と霊の関係がはっきり現れているのではないでしょうか。

誰かひとりの人のことを考えてみて下さい。その人が知ろうと努めている外的知識、課題にしている外的な仕事のことを考えてみて下さい。そしてその反対に、まさにその人の心の奥底にひそんでいるキリスト衝動のまったく弱々しい光を対比させてみて下さい。そのかすかな光は、魂のその他の内容に包まれて、その人物の中で働いています。霊と魂との関係において、キリスト以前の状態がサットヴァであるとすれば、ゴルゴタの秘蹟以後のこの状態は、タマス状態だと言えます。

それでは、この関連において、ゴルゴタの秘蹟は、人類の進化の中で何をしているのでしょうか。霊の開示に関して言えば、サットヴァ状態をタマス状態に変えているのです。人類は前進を続けていますが、しかし深いところに落ち込んでいるのです。ゴルゴタの秘蹟によってではなく、自分自身の所為《せい》によってです。

ゴルゴタの秘蹟は炎をますます燃え上がらせます。しかしそれまでは、圧倒的な光がすべての側から魂を照らしていたのに、炎が魂の中で小さな炎としてしか現れません。人間が前進しているにもかかわらず、ますます闇の中に沈み込んでいくのは、人間本性の所為なのです。ですから霊との関係で人間の魂がタマス状態にあるのは、ゴルゴタの秘蹟の所為なのではありません。ゴルゴタの秘蹟のおかげで、遠い未来に、タマス状態がふたたびサットヴァ状態へ変化することができるのです。そのためにこそ、今新たに内から点火されるのです。

サーンキヤ哲学の意味では、サットヴァ状態とタマス状態の間に、ラジャス状態があります。このラジャス状態は、人類進化に関しては、ちょうどゴルゴタの秘蹟の生じた時代に相当します。人類そのものは、霊の開示に関しては、光から闇へ、サットヴァ状態からタマス状態への道を、まさにゴルゴタの秘儀をめぐる数千年期に辿り続けるのです。

　この進化の過程をもっとくわしく考察しようとするなら、こう言うことができます。人類進化の時代をaからbにいたる線であらわすとしますと、ゴルゴタの秘蹟の七、八百年前までの間、人類文化のすべては、サットヴァ状態にありました。

　次いで、ゴルゴタの秘蹟の生じる時代が、ラジャス状態の時代が始まりました。そして、ほぼゴルゴタの秘蹟から千五百年、千六百年経った頃から、はっきりとタマスの時代が始まります。しかしこの時代も過渡期です。

　私たちの時代用語を使えば、第一の時代、まだ霊の開示に関し

てサットヴァ状態にあった第一の時代は、カルデア＝エジプト文化期に重なります。ラジャス状態の時代は、ギリシア＝ラテン文化期です。そしてタマス状態の時代は、私たち自身の時代、第五後アトランティス文化期です（訳註　シュタイナーの「文化期」については、『神秘学概論』、『アカシャ年代記』参照）。

御承知のように、後アトランティス期の中で今述べたカルデア＝エジプト文化期は第三の文化期です。ギリシア＝ラテン文化期は第四文化期、私たちの文化期は第五文化期に当たります。ということは、人類進化の計画に従えば、第三から第四後アトランティス文化期の過渡期にいわば外からの啓示が失われ、人類はキリスト衝動を燃え上がらせる用意をしなければならなかったはずです。しかし、現実はどうだったでしょうか。

人間の霊の状況の中で、第三文化期にあたるカルデア＝エジプト期がその後の時代と違っていた理由を知ろうとするなら、こう言えなければなりません。――「この第三期に、エジプト、カルデアだけでなく、インドも含めたこれらすべての地域で、人類は古来の見霊力をなお残していた。つまり人は脳と結びついた感覚と知性で周囲の世界を見ていただけでなく、さらに、睡眠でも覚醒でもない、その中間にあるような特別の状態において、エーテル体の諸器官を働かせて、周囲の世界を見ていた。」

あの時代の誰か一人のことを考えてみると、どうしてもこう言わざるをえません。

――「その人にとって、自然と世界を認識する場合、私たちのように、脳と結びついた感覚や知性によってそうするのは、その人の体験する諸状態の中のひとつにすぎなかった。そういう諸状態の中で、感覚と知性によって知識を身につけただけではなく、いわば事物を直観していた。つまり、それぞれの事物を空間の中で相互に作用させ、時間の中で相互に作用させた。そのような当時の誰かが認識を得ようとするなら、特別の状態に身を置かなければならなかった。その状態において、私たちの時代のように人工的にではなく、自然に、おのずと生じるような仕方で、自分の深いところに存在している力、つまりエーテル体の力を認識のために役立たせた。サーンキヤ哲学のすばらしい知識のすべてもまた、このような認識から生じた。ヴェーダの知識として私たちに伝えられてきた、さらに古い知識もまた、このような考察から生じたのだ。」

ですから、自分を別の状態に置いたり、あるいは別の状態に移されたと感じたりしたことによって、認識を獲得したのです。当時の人も、眼で見、耳で聞き、通常の知性で事柄を関連づけるような、日常の経験をしていました。しかし見たり、聞いたり、知性を働かせたりするのは、ただ実用的な課題に応えるためでした。このような能力を学問や認識のために役立たせようとは、まったく思わなかったでしょう。学問や認識は、自分の本性の深層の諸力を働かせることのできる特別の状態の中で行われたのですから。

　ですから、このような古い時代の人間を考えるのでしたら、その人がいわば日常体をもつだけでなく、その日常体の内部により精妙な霊的な日曜体をもっていたことをふまえて考えるのでなければなりません。

　日常体で日常の用事をこなし、そしてもっぱらエーテル体から成る日曜体で認識し、学問を生み出したのです。この古い時代の人が、こんにちの人が日常体で学問を組み立て、世界を認識するために日曜体を働かせようとしないのを知ったら、きっと驚いたでしょう。このような全体的な体験をしていた人ならば、です。

　このような全体的な体験をしていた人が、つまり深層の力〔複数〕による認識を、例えばサーンキヤ哲学を生じさせたときの認識を行っていた人が、学問を学ぶために、知性を働かせ、頭で思考しなければならないこんにちの人間のような感じ方をしなかったのは当然です。当時の人のエーテル体は、肉体の頭部ではなく、頭部以外の部分とより強力に結びついていました。思考するときは、頭部以外の身体部分のエーテル体で思考しました。その意味では頭部のエーテル体は、最低のエーテル体でした。

当時の人間は、自分がエーテル体で思考しており、思考の中で自分の肉体から分離している、と感じていました。しかし、知識を形成し、認識を形成するときの人間は、なお別のことをも感じていました。自分は本来、地球とひとつの全体をなしている、と感じていました。

人間は、日常体を脱ぎすて、日曜体を身につけたとき、まるで諸力が自分の全存在にしみわたり、諸力が私たちの肢体を突き抜け、この諸力が私たちを地球と結びつけたかのような感情を持ちました。

人間は自分が地球の一分肢なのだ、と感じました。人間は自分がエーテル体の中で考え、意識している、と感じましたが、さらに、自分がもはや個別に切り離された人間ではなく、地球の一分肢である、とも感じました。人間は自分という存在が地球の中に延び拡がっている、と感じたのです。ですから人間が日曜体をまとうことで認識に集中できたとき、体験の内的なあり方全体が変化したのです。

このような古い時代が終わり、第三期、そして第四期の新しい時代になったとき、一体何が生じなければならなかったのでしょうか。そのとき生じなければならなかったことを理解するには、古い表現の仕方を感情の力で体験してみる必要があります。

あの古い時代に今私が申し上げた事柄を体験した人は、こう語りました。――「私の中で蛇が活動を始めた」、と。その人の本性は大地の奥にまで身を延ばしていたのです。その人は、自分の肉体を本来の活動体だとは思っていませんでした。自分のエーテル体が蛇のしっぽのようなものを大地の中に延ばし、頭を大地から外へもたげているかのように感じていました。

そしてその人は、このような蛇の存在を思考力だと感じていました。図に描くとすれば、こう描けるでしょう。――自分のエーテル体が蛇のからだとなって、大地の中へ延びています。肉体が大地の外にいる一方で、認識と知識を働かせるときの人間は、大地の奥深くへ延びながら、エーテル体で思考したのです。

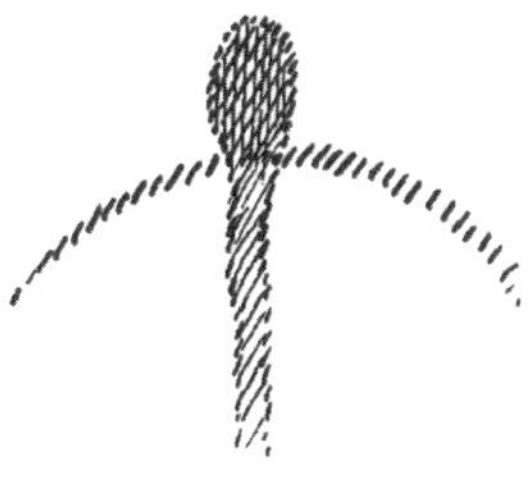

その人はこう言いました。――「蛇が私の中で働いている。」――これが古い時代の

認識のありようでした。――私は自分の中の蛇を働かせる。私は自分の蛇の存在を感じる。」

新しい時代に移り、新しい認識が始まるためには、何が生じなければならなかったのでしょうか。自分の本性が両足を大地の奥へ延ばしているように感じる瞬間は、もはやありえなくなったのです。それだけでなく、感情は、エーテル体の中で死ななければならず、そしてエーテル体から肉体の頭部へ移らなければなりませんでした。

古い認識から新しい認識へ移行する際のこの感情の動きを正しく表象するなら、次のように言うことができるでしょう。――「両足に傷を受けた。でもその傷ついた両足で、蛇の頭を踏みつぶす。」つまり蛇の頭は思考器官であることをやめたのです。肉体、特に肉体の頭脳は、蛇を殺しますが、大地との共属感情を人間から取り上げることで、蛇はその復讐を果たすのです。それが「蛇が人間の足のかかとに噛みつく」ということの意味なのです。

人類の体験形式の移行するこのような時代には、古い時代から伝えられてきたものと、今新しい時代に生じるものとの間に戦いが生じます。移行期には両方が共に存在しているのですから。子がすでに成長していたときにも、父はまだ生きています。戦うにもかかわらず、子は父の血を引いています。第四文化期であるギリシア＝ラテン文化期の特性はすでに存在していましたが、第三文化期であるエジプト＝カルデア文化期の特性も諸民族の下でまだ健在なのです。それが移行期なのです。

しかし新しいものと古いものとは、もはや互いに理解し合えなくなります。古いものは新しいものを受け容れません。新しいものは古いものに反抗して、自分の立場を主張せざるをえません。新しいものが存在していても、以前から存在しているものは、その新しいものを共有しようとはしないで、以前からの特性をあとから来たものにおしつけるのです。第三文化期から第四文化期への移行期にも、以上のような状況が生じました。

ここでどうしても英雄が登場しなければなりません。人類の指導者です。その人物はまず、この経過を、蛇の殺害、蛇による負傷を体験し、そして同時に、自分には身近かなものではあっても、古い時代から新しい時代へ働きかけ続けているものに反抗せざるをえないような、人類の指導者です。

人類が進歩していくためには、いくつもの世代がこれから体験していくべきものを、ひとりの人物があらかじめ、みずからの存在を賭けて、体験する必要があるのです。

それでは蛇の頭を殺し、第三文化期が大切にしていたものに反抗した英雄とは誰のことでしょうか。人類を古いサットヴァ時代から新しいタマス時代へと導いたのは誰だったのでしょうか。

クリシュナだったのです。東洋の伝承に従えば、クリシュナは、神々の子でした。マハデーヴァとデヴァキの子として、奇蹟の下で、世に生を受けました。新しい何かを世にもたらすためにです。彼は――私の比喩で語れば――日常体で知識を求め、日曜体を、つまり蛇を殺すのです。彼は、自分の親族によって新しい時代にまで伝えられてきたものに、反抗しなければならないのです。

クリシュナはその意味で新しい、そしてかけがえのない存在です。ですから伝承によれば、クリシュナの誕生時は、奇蹟続きでした。クリシュナの母の兄弟カンサは、クリシュナのいのちを狙います。この点でクリシュナのこの伯父は、古いものを体現しています。クリシュナは伯父から身を守らなければなりません。彼の使命は、新しいものをもたらすこと、第三文化期を殺害し、外的な人類進化のために古い諸関係を否定することなのですから。

クリシュナは古いサットヴァ時代の番人であるカンサに対抗しなければなりません。

クリシュナに関わるもっとも重要な奇蹟［複数］のひとつとして、伝承によれば、強力な蛇カーリーがクリシュナに巻きつきますが、蛇の頭を踏みつぶしてしまいます。しかし蛇はクリシュナの踵《かかと》に傷を負わせます。

この場面からも見てとることができるように、伝説は、オカルト上の事実を直接再現しているのです。それが伝承なのです。大切なのは外的な説明に終始することなく、伝説を正しく位置づけ、正しい関連の下に考察することで、伝説を理解できるようにすることです。

クリシュナは下降する第三後アトランティス文化期の英雄です。伝説は私たちに、さらにこう語ります。――「クリシュナは第三宇宙期の終わりに英雄として登場した。このことをふまえれば、すべてが納得できる。つまりクリシュナは、古い認識を殺し、認識を闇に連れ込む。彼の外的な現れはすべて、このことを物語っている。以前サットヴァ認識として人間を取り巻いていたものを、彼は闇に変える。」

そうなのですが、それではバガヴァッド・ギーターの中でのクリシュナはどうでしょうか。彼のそこでの立ち位置はこうです。――彼は一人ひとりに、いわば自分の奪ってしまったものの代償のように、ヨーガによって、失われたものを取り戻す方法を教えるのです。

このようにクリシュナは、世界史にとって、古いサットヴァ認識の殺害者なのですが、同時に、ギーターの終わりに出ているように、失われた霊的認識へふたたび導くヨーガの主でもあります。この認識をふたたび獲得するためには、今、外的に普段着のように身につけたものを脱ぎすてて、内的作業によって、霊的状態をふたたび取り戻さなければなりません。

これはクリシュナのいわば二重行為（Doppeltat）でした。クリシュナは世界史上の英雄として、一方では古い認識の蛇の頭を踏みつぶし、人類を肉体へ立ち戻らせました。以前、人間を自我にしたものはすべて、外から輝きかけていました。自由な独立した自我を手に入れることは、肉体の中でしか可能ではなかったのです。それが世界史上の英雄としてのクリシュナでした。

もう一方でクリシュナは、一人ひとりの個人がすでに失ってしまったものを、畏敬と帰依の時代のために、内的な出会いのために、ふたたび与えてくれます。そしてこのクリシュナの行為こそ、あのように偉大な仕方で、ギーターの場面で私たちに示してくれた行為なのです。このクリシュナのことは、昨日の話の最後に取り上げました。

このクリシュナの姿は、アルジュナ自身の本性となって現れましたね。しかもその姿はアルジュナの外に、始まりもなく、終わりもなく、空間の隅々にまで拡がって存在していました。

私たちが今、この状況をもっと詳しく考察しようとするなら、ギーターのある箇所に眼を向けなければなりません。この箇所を読むと、すでにこれまでも私たちはギーターの偉大な、圧倒的な内容に驚かされてきましたが、その驚き、驚嘆が無限に大きくなるような内容に出会います。

その箇所は、こんにちの人間にはどうしても不可解な印象を与えてしまうでしょう。それはクリシュナがアルジュナにアシュヴァッタの樹、いちぢくの樹の本性を開示する場面です（第一五章冒頭）。

その場面でクリシュナは、アルジュナにこう語ります。——「この樹は根を上へ、枝を下へ向けている。」そしてさらにこう語ります。「この樹の個々の葉はヴェーダの言葉であり、この葉の全体はヴェーダの叡智を示している」、と。

これはとても独特な箇所です。一体、偉大な生命の樹を示唆しているこの箇所は、何を語っているのでしょうか。根を上方へ、枝を下方へ向けていて、その葉はヴェーダの内容を与えている、というのですが。

この箇所の意味を知るためには、私たち自身が古い認識に身を置き、その古い認識がどのような働きをしていたのかを知らなければなりません。

現代人は肉体の器官が示している認識内容だけを身につけています。古い認識は、先程述べたように、まだエーテル体の中で獲得されていました。人間全体がエーテル的に存在したというのではなく、肉体の中にあるエーテル体の中で、認識が行われていたのです。古い認識はエーテル体の組織、エーテル体の分節化によって獲得されたのです。

一度、次のように生きいきとイメージしてみて下さい。――エーテル体の力、蛇の力で認識してみるなら、こんにちの人びとにとってはこの世界には存在していないような何かが世界の中に存在するようになる、と。

皆さん、こんにちの人間は、特に何もしなくても、環境世界の中に多くのものを知覚しています。けれどもこの世界を考察する人は、ひとつのものだけは知覚していません。自分の脳です。誰ひとり、自分の脳を見ることができません。また、自分の脊髄を見ることのできる人もいません。しかし、エーテル体の中で考察しはじめると、すぐにこの不可能性はなくなります。そしてそこに見たことのないひとつの新しい対象が、つまり独自の神経系が知覚されるのです。

しかしこの神経系を、もちろんこんにちの解剖学者が知覚するように知覚するのではありません。解剖学者が知覚するような姿をしているのではなく、「そうだ、お前のエーテル本性の中にお前はいるのだ」、という感情をもつような姿をしています。

今、人は上の方を見上げます。そしてすべての器官にまで延びている神経［複数］が上の脳に集まっているのを見ます。このことは、次のような感情を生じさせます。――「これはひとつの樹木だ。その樹木は上の方に根［複数］を広げ、そして下へ向けて、枝［複数］を広げている。」

けれどもこの樹木は、皮膚の中に包まれている身体のような小さいものではありません。巨大な宇宙樹として感じられるようなものなのです。ですから、根は果てしない空間の彼方にまで延び広がり、枝は下へ延び広がっています。

どうぞ、自分自身が蛇になったと思って下さい。自分の神経系が樹木であり、その根は空間の彼方にまで拡がり、そして枝は下の方へ延び広がっています。

皆さん、以前の講義［複数］の中で述べたことを思い出して下さい。人間は逆立ちした植物のようだ、と申し上げました。バガヴァッド・ギーターのこの注目すべき箇所を理解するのに、このことを引き合いに出す必要があります（訳註『神殿伝説と黄金伝説』図書刊行会刊、一九〇五年五月二九日参照）。そうすればこのギーターの叡智と、霊学の深層から引き出された叡智との見事な符合に驚かされます。そのとき私たちは、この樹が明るみに出す叡智が体験できます。そしてこの樹に茂る葉の一枚一枚が私たちに外から輝きを送ってくれるヴェーダの叡智であることを体験させられるのです。

ギーターのすばらしいイメージにふれて下さい。――その樹は根を上へ、枝を下へ向け、叡智を含んだ葉をもっています。そして人間自身は蛇となって、この樹にくっついています。

こういう古い事柄のすべてには、深い意味があります。そこには樹木があります。根を上へ拡げ、枝を下へ向けています。これは古代ヘブライ時代の天国の樹とは逆ですね。でも、そこには深い意味があるのです。天国の樹は、古ヘブライ時代からキリスト教時代へ通じる別の歴史の出発点に立っているのです。

ですからここでも、あの古い叡智のあり方全体についてお話ししておく必要があります。――クリシュナは弟子のアルジュナにこう言いました。「断念こそ、この宇宙の樹を人間の眼で見ることができるようにする力なのだ」、と。つまり人間は、その後の人類進化の中で獲得できたもの、私たちが昨日特徴づけたもののすべてを断念することによって、あの自他合一の境地に到ることができる、というのです〔訳註〕。

このことは、クリシュナが彼のかけがえのない弟子アルジュナに与えるすばらしい偉大な教えです。その一方でクリシュナは、こう語ります。――「禁欲や修行をしない者／…／またわたしに反感をもっている者には／この秘密の知識を話してはいけない。／だが信仰あつき人々に対して／この秘密の知識を語ることは／わたしへ無上の奉仕をしたことになり／その人は必ずわたしのもとへ来る。」（第一八章〔六七―六八〕、訳註の引用とも、田中嫺玉訳）これがクリシュナのあるべき姿なのです。

ですから、クリシュナがかけがえのない弟子に教えとして伝えるものは、どうでなければならないのでしょうか。

サットヴァの叡智でなければなりません。そしてクリシュナがアルジュナにこのサ

訳註　「全世界を照らす太陽の光は／わたしから発しているのである／そして月の光も火の輝きも／すべてがわたしから発しているのだ。」（第一五章〔一二〕）

ットヴァの叡智をよりよく伝えれば伝えるほど、このサットヴァの叡智は、より叡智に優れ、より賢く、より平静に、より冷静になっていくでしょう。その叡智は、崇高なるクリシュナ自身が語る言葉となり、そしてかけがえのない弟子がそれに応える言葉となって、このように見事な仕方で与えられる叡智なのです。

このようにしてクリシュナは、ヨーガの神になります。このヨーガの神は、人類の根源の叡智へ立ち戻って、そしてサットヴァの時代においてもまだ霊を包み込んでいた魂を、ますます克服しようとします。そして太古の純粋さを保っている自分の霊を、物質の欲にまみれていない自分の霊を、弟子の眼の前に開示しようとします。

このような意味で、昨日読み上げたあの対話、クリシュナとアルジュナの対話でのクリシュナは、もっぱら霊の姿で私たちの前に立って見せたのです。

以上で私たちは、あの時代の終わりを私たちの魂の前に提示しました。あの時代の終わりとは古い霊性の時代の中の最後の時代のことでした。この古い霊性のことを知るために、私たちは出発点として、完全な霊の光を見なければなりません。そしてそれから物質の中に降下したその霊の光を、人間の独立した自我として、わたしとして、物質の中に見出すのでなければなりません。

この霊の光の下降が第四後アトランティス時代（ギリシア＝ラテン文化期）にまで至ったとき、霊と外的＝魂的なものとの間で、一種の相互関係が、ひとつのラジャス関係が生じました。ゴルゴタの秘蹟は、この時代に生じました。

この時代に、サットヴァ関係から何かを述べることはできたでしょうか。いいえ、まさに時代に属していることしか、述べることはできなかったでしょう。――このサーンキヤ哲学の用語を使えば――ラジャス時代に何か正しい意味で述べる人は、ラジャスから述べるしかできないはずです。透明な状態からではなく、個人的に、あれこれのことを怒りながら、述べるしかありません。

パウロはラジャス状態で語りました。どうぞテサロニケ人への書簡、コリント人への書簡、ローマ人への書簡の中の言葉から響いてくる烈しい鼓動を感じて下さい。怒りの感情、個人的な判断がパウロの書簡の中で脈打っています。それがパウロの書簡のスタイルであり、特徴です。

バガヴァッド・ギーターは心の澄み切った、非個性的な表現をしています。没落していく時代に最高の花を開かせて、没落していく時代の流れの中で、個人一人ひとりにその流れを乗り超える道を提示し、一人ひとりを霊的生活の高みへ導くのです。クリシュナは弟子に最高の精神の花を与えなければなりませんでした。なぜなら彼は人類のために、古い認識を殺し、蛇の頭を踏みにじらなければならなかったのですから。

このサットヴァ関係はおのずと没落してしまいました。もはや存在していません。サットヴァ関係のことを語ったとしても、その人はラジャス時代に昔のことを語ったにすぎません。新時代の出発点に立った人は、新時代の基準に従わざるをえません。つまりエーテル体ではなく、肉体の器官、肉体という道具を用いて認識行為を行わざるをえません。そうすることによって、個人の人格が、わたしが人間本性の中に取り込まれたのです。

パウロの書簡はこのことをよく示しています。パウロの書簡の中には個人的な要素があらわれています。この個人的要素が物質の闇に対して、ときには怒りの言葉で、雷を落としています。パウロの書簡の中には、怒りが鳴りひびいています。

ですからパウロの書簡の中には、バガヴァッド・ギーターにおけるような、叡智に充ちた、はっきり輪郭づけられたような言説は出てきません。バガヴァッド・ギーターにおけるような、叡智に充ちた言葉は、人間が外的な仕事に励みながらも、みずからを霊の領域に引き上げ、クリシュナとひとつになれるような場合でなければ、発せられません。だからこそ、クリシュナとの一致へ魂を引き上げてくれるヨーガの道が、叡智に充ちて語られたのです。

内面世界において、魂だけの働きが霊によって克服されたこと、それが新しい事件として世に現れたこと、このことはラジャス関係からでなければ述べることができません。そして人類史上このことをはじめて意味深く述べた人、まったく夢中になって述べた人こそ、キリスト衝動を受けて、全身全霊でその開示を受けとめたパウロだったのです。

この開示は、個人としての彼に与えられました。そのとき、その後数千年にわたって働き続けるべき事柄が初めて世に伝えられたのです。そのとき彼は、自分の魂のもつすべての力でそこに関与したに違いありません。ですから彼は、バガヴァッド・ギーターのように、叡智に充ちて輪郭づけられた概念によって記述するのではなく、誰でも個人的に直接関与できる「キリストの復活」という出来事として語ったのです。

このことは、個人的な体験にとどめてはいけないのでしょうか。キリスト教はもっとも個人的なところに浸透し、もっとも個人的なところに熱といのちを送るのではないのでしょうか。そうなのです。キリストの事件を初めて記述した人も、そのことを個人的な仕方で体験し、語ったのです。

ギーターは、ヨーガによる霊的高みへの上昇を熱を込めて語ります。クリシュナは、弟子がますます高みを目指し、ますます霊的になるために語ります。ますます成熟していく魂の状態へ導き、それによってますます印象深い美のイメージへ導きます。

ですから第一六章になってはじめて、デモーニッシュなものと霊的なものとの対立が現れます。美へのこの魂の高まりを何かが引き止めるのです。その魔性のもの、デモーニッシュなものとは、物質のことしか問題にしないすべて、物質の中だけで生きるすべてのことです。死と共にすべてが終わる、と思い込んでいるすべてのことなのです（訳註）。

パウロははじめから、すべての人を問題にしています。闇の時代の始まりを生きる全人類を、です。パウロは、この闇の時代が人間生活に及ぼす影響のすべてに眼を向けなければなりません。この一般的な暗い人生の中で、魂の小さな植物の芽として生きているキリスト衝動を明らかにしなければなりません。さらにパウロは、繰り返してあらゆる可能な悪徳、あらゆる形態の唯物思想を克服しなければならない、と警告します。彼が与えるべき教えは、はじめ小さなともしびとなって人間の魂の中にともり、未来のいつか燃え上がるものについてなのです。このともしびが熱く燃え上がるのは、その人の発する言葉に情熱が秘められているときだけです。パウロの場合、その情熱は人格に担われた感情の現れとして、言葉の中に力強く現れています。

ギーターとパウロの書簡とは、表現の中に、以下のような違いが見られます。ギーターにおいては、明晰さ、客観的な真実が示されていますが、パウロの書簡では個人的なものが主観的に表現されています。そしてそのことが一方ではギーターの、

訳註　「彼らは言う――『この世界はマーヤーであり／何の根拠もなく　神など存在しない／すべては性欲によって産まれ出たもので／そのほかに何もない』と。」「彼らはこう信じている――『人間の文明進化にとって／最も必要なのは欲望を満足させることだ』と／したがって彼らは死に至るまで／無数の心配と焦慮に苦しめられる。／幾百幾千の欲望の網に捕えられ／情欲と怒りに心身をゆだねて／感覚的快楽を追求するために／不法なやりかたで金を蓄積する。／魔族の人々は思う――／『現在これだけの富を所有しているが／計画を練ってもっと増やしていこう。』」（第一六章「神性と魔性」〔八〕〔一一－一三〕より。田中嫺玉訳）

他方ではパウロの書簡の響きと文体を特徴づけています。そのことが両作品のいわばすべての行間から現れています。芸術的な表現が完成するのは、事柄が成熟に達したときです。事柄が発展しはじめたばかりのときの表現は、混沌としたものが目立っています。

なぜでしょうか。私たちがギーターのあの圧倒的な冒頭に眼を向けるとき、その答えが得られます。

この冒頭の部分のことは、すでに取り上げましたが、そこでは同じ血縁の者たちの軍勢が互いに戦い合います。戦士と戦士が戦い合うのですが、勝つ方も負ける方も、同じ血縁の者同士なのです。アルジュナはそのことに絶望的な苦悩を感じ続けます。

今私たちが考察しているアルジュナの時代は、見霊力と結びついた古い血縁の時代から、異なる血と混血との時代への過渡期です。異なる血と混血、これがまさに新しい時代を特徴づけているのです。

それでは、人間の外的な身体性の変化、並びにその制約の下にある認識の変化にどう向き合うべきなのでしょうか。

別の種類の血と血の結合、そのことの意味は、人類の進化の中に現れています。私たちがあの古い時代から新しい時代への過渡期を研究しようとするなら――どうぞ私の小冊子『血はまったく特製のジュースだ』を思い出して下さい――、こう言わなければなりません。――「古代の見霊能力はいわば血が種族内に留まっていたことと不可分の関係にあった。一方、近代は種族間の血の混合を生じさせた。その結果、古い見霊能力は失われ、新しい仕方で肉体に依存する認識力が現れた。」

ギーターの冒頭では、人体形姿に結びついた外的なものが示唆されていますが、特にサーンキヤ哲学では、存在の外的形態の変化が考察され、そして魂の多様性がこの多様な形態と結びつけられています。一種の複数主義がサーンキヤ哲学の中に働いているのですが、その複数主義は、近世のライプニッツ哲学に通じるものがあります。ですからサーンキヤ哲学者は魂に眼を向け、そして次のように語るのです。――「私の魂は、外的な身体形式と結びついて、サットヴァか、ラジャスか、またはタマスの状態で現れている。」

サーンキヤ哲学が考察するのは、これらの状態なのですが、状態は変化します。そして、そういう多様な変化のもっとも意味ある変化のひとつが、すでに述べた血の近さ、遠さに関する変化であり、それによってエーテル体の中に現れる変化なのです。

状態の変化は、外的な形態の変化ですので、サーンキヤ哲学の考察対象は魂とは無関係なのです。古代のサットヴァの時代から、クリシュナがその出発点に立っている新しいラジャスの時代への移行に際して問題になったのも、この外的な形態の変化でした。

時代が変わるときには、いつも外的形態に変化が生じます。ペルシア期からエジプト期への移行も、エジプト期からギリシア＝ラテン期への移行も、外的形態の変化がそれぞれ別の仕方で生じました。原インド期からペルシア期への移行も別の仕方で、形態の変化として生じました。

同じように、古アトランティス期から後アトランティス期へ移行したのも、形態の変化であった点は変わりありません。形態が変化したのです。ですから、サーンキヤ哲学の概念の諸規定に従うことで、すべての形態の変化を辿ることができます。次のように言うだけで、です。——「これらの形態の中で魂がみずからを生かしている。しかし形態は魂そのものに干渉してはいない。プルシャは干渉されずにいる。」

このように、時代の流れには、サーンキヤ哲学によって特徴づけられ、サーンキヤ哲学の諸概念で性格づけることのできる変化が見られます。しかしこの変化の背後にプルシャが、各人の個別の魂のいとなみとして存在しているのです。このプルシャについては、サーンキヤ哲学は、こう述べるに留まっています。――それ（プルシャ）は、三つのグナであるサットヴァ、ラジャス、タマス、つまり外的な形態との関係における個的な魂の働きとして存在している、と。

しかしこの魂の働き、プルシャは、外的な諸形態に依存していません。プルシャは外的な諸形態の背後で存在して、私たちに魂の働きに眼を向けるように、と示唆しています。ですからクリシュナは、ヨーガの主として、いつも魂に向き合うように教えているのです。

魂は、その内的本性に従って、認識の対象となって私たちの眼の前に現れてきません。けれども魂がどのような進化を遂げるべきなのかを教えることこそが、最高の指導なのです。魂そのものの変化ではない、外的な形態の変化は、結果にすぎません。そしてそれが結果にすぎないことは、次のような仕方で、知ることができます。

ヨーガによって、魂の日常の段階から高次の段階へ上昇していく人は、外的な作業や外的な認識から解放されていなければなりません。そして自分を観察できるようににならなければなりません。そうしたらその人の魂は、内的に自由になり、外のものの抑圧から解放されます。

そして外なる物質界とも対立しなくなるのです。外なる物質は、それ自体マーヤー（幻影）です。マーヤーが現実になるのは、人間が感覚器官を働かせるときだけです。物質の代りに、何があるのでしょうか。古い秘儀参入のことを心に思い浮かべるとき、その何かが見えてきます。日常は物質・プラクリティが人間に相対している一方で、ヨーガによって秘儀に参入する魂には、アシュラの世界、デーモンの世界が人間に相対しています。人間はその世界と戦わなければなりません。

物質は、対立し、反抗します。アシュラ、闇の権力も、敵対します。しかしこういうすべては、本来、まだ前哨戦のようなものにすぎません。そのとき魂的なものの中から、何かがこちらを見ています。私たちは魂的なものを感じ取りはじめます。そうすると、この魂的なものが霊的に自分に目覚め、デーモン、アシュラに戦いをいどむのです。

この戦いが小さな争いのようにしか思えなかったとしても、そのとき物質がみずから霊となって、可視的な霊となって現れるのです。

そのとき、私たちが「魂とアーリマンとの戦い」と呼ぶものが現れるのです。魂は秘儀参入においても、アーリマンと戦いますが、この戦いが体験できるのは、私たちがまったく魂の働きの中に没頭しているときです。そのときには、以前は物質にすぎなかったものが、アーリマンという巨大な存在に成長し、強力な敵となって魂に対峙します。そのとき、魂の存在が魂の存在と対峙します。個的な魂が、広大な宇宙の中のアーリマンの国と対峙するのです。

アーリマンの国のもっとも下の層は、ヨーガの中で戦うときの相手ですが、しかし今の私たちが感覚を通してアーリマンの国と対峙するときは、すでにアーリマンそのものが私たちに対峙しています。魂がアーリマン勢力と戦い、アーリマンの国と戦うのです。

サーンキヤ哲学は、魂と外的物質との関係が、外的物質の優位となるときをタマス関係と呼びますが、ヨーガによって秘儀に参入した秘儀参入者の場合は、このタマス状態にいるだけでなく、ある種のデーモン勢力との戦いの中にいるのです。そのときは、その参入者の霊眼にとって、物質そのものがデーモン勢力に変化して現れるのです。そのときの魂は、物質の中でアーリマン的なものに向き合うだけでなく、魂が純粋に霊的なものに対峙しているときにも、アーリマン的なものに向き合っています。

サーンキヤ哲学によれば、物質と霊が戦っているときは、ラジャス状態にあります。その場合、あるときは物質が優勢であり、別のときは霊が優勢であり、そのようにして揺れ動いていています。この状態から、古いヨーガの意味では、直接ラジャスを克服して、サットヴァに導かれるのですが、私たちの場合は、すぐにはサットヴァに導かれません。別の戦いが、ルツィフェル的なものとの戦いが始まるからです。

こうして今、私たちはプルシャと相《あい》対するのですが、サーンキヤ哲学では、プルシャはただ暗示されるに留まっています。しかし私たちの場合、暗示するだけでなく、プルシャはアーリマンとルツィフェルに対する戦いの真っ只中にいます。魂の働きが魂の働きに対峙しています。

サーンキヤ哲学のプルシャは、非日常的な展望の下に現れています。私たちがそのプルシャの深い層へ、つまりアーリマン的なものとルツィフェル的なものとが未分化の状態で魂の本性に働きかけているところへ立ち入るなら、魂的なものと物質的なものとの関係は、サットヴァ、ラジャス、タマスとして理解できます。しかし今の私たちが自分の感覚で事柄を考察するときには、アーリマンとルツィフェルの間で激しく戦い続ける魂を問題にしなければなりません。

このことは、キリスト教の時代になって初めて考察できるようになりました。サーンキヤの古い教えでは、プルシャは、いわばまだ手つかずのままの状態でした。そこでは、プルシャがプラクリティを身にまとうときの事情が述べられていました。

私たちはキリストの時代を生きています。そして秘教的キリスト教の根底に存するものの中に歩み入り、そしてプルシャそのものを体験しつつ、プルシャを魂的とアーリマン的とルツィフェル的という三重のものとして性格づけますと、私たちの魂の内なる状況は、みずからとの戦いとして現れてきます。その状況は、第四文化期に生じた移行期、つまりゴルゴタの秘蹟によって明らかとなった移行期の中で生じた状況です。

そのとき何が起こったのでしょうか。

第三文化期から第四文化期への移行に際して生じたことは、単なる形態の変化によって特徴づけられることでした。しかし今、プラクリティからプルシャそのものへの移行ともいうべき事態が生じました。その事態は次のように特徴づけられます。――

「どのようにしてプルシャが完全にプラクリティから解放されるのか、今なら分かる。そのことが自分の内面の中で感じとれる。」

そのときの人間の魂は、血の結びつきから解放されるだけでなく、プラクリティから、一切の外的なことから解放されるのです。魂の内部で、一切の外的なことと決着をつけなければなりません。

しかしこのことは、地球紀全体の中で生じることのできた最大の移行でもあります。そのときにはもはや、次のような問いは生じません。――「魂と物質との関係は、どんな状態にあるのか。サットヴァなのか、ラジャスなのか、タマスなのか。」

そのときの魂は、ヨーガの中でタマスとラジャスを克服してみせるだけではないのです。そのときの魂は、アーリマンとルツィフェルに対して戦わなければなりません。そのときの魂は、自分自身だけを頼りにしています。

そのとき、互いに対比してみる必要が生じるのです。一方ではバガヴァッド・ギーターという崇高な歌と、他方では新しい時代にとって必要な事柄とをです。

崇高な歌バガヴァッド・ギーターが私たちのために提示している人間の魂は、身体という外皮の中に宿っています。この外皮は絶えず形態を変化させています。魂の生き方は、通常、プラクリティ（物質原理）の中に組み込まれています。ですから魂は、プラクリティの中で生き、そしてヨーガにおいてこの魂は、プラクリティから脱け出します。自分を包み込んでいるものを克服して、自分をこの外皮から完全に自由にしてくれる霊の領域へ到ります。

私たちはゴルゴタの秘蹟がはじめてもたらしてくれたキリスト教を、このことと対比させます。キリスト教では魂をただ自由にするだけでは十分ではありません。以前ならば、魂がヨーガによって自由になれたら、その魂はクリシュナに出会えたでしょう。そしてクリシュナは、その万能な力を秘めてその魂の前に立ったでしょう。しかしそれはアーリマンとルツィフェルが、その威力のすべてを身につける以前のことでした。そのときはまだ、善意あふれる神性（キリストのこと―訳者）は隠されていました。そして昨日述べたような、崇高な仕方で眼に見える存在になることのできたあのクリシュナと並んで、その左と右にアーリマンとルツィフェルが立っていました。

その姿は、古い見霊力にとっては見ることが可能でした。なぜなら、人間はまだ物質の中に埋没していませんでしたから。しかし今ではありえないことです。今の魂がもっぱらヨーガを実行していたら、その魂はアーリマンとルツィフェルを眼の前にして、それらとの戦いを引き受けなければならなくなります。その魂がクリシュナの横に身を置くことができるためには、その魂にはアーリマンとルツィフェルを――タマスとラジャスだけでなく――克服してくれる盟友が必要なのです。そしてそのような盟友は、キリスト以外にありえません。

ですから英雄クリシュナが現れた当時、からだはからだから分離できましたし、逆にどんなからだもからだの中でみずからを暗黒状態にすることができました。

私たちが霊における諸暴力に対抗し、タマスとラジャスに対抗するだけでなく、私たちの人間本性そのものをも克服しなければならなくなると、人間にとって、クリシュナ衝動だけでなく、キリスト衝動も重要になります。

ルツィフェルとアーリマンに対立しなければならなくなったときに、私たちを支えてくれる衝動――この対立は始まったばかりですから、例えば、私たちの神秘劇で表現されているようなルツィフェルとアーリマンの働きは、未来になって初めて人間の魂にとって身近かに体験できるものになるでしょう。――この衝動にとって、人類はまだあまりに小さすぎるのです。この衝動は、ツァラトゥストラが生きることのできたような肉体においてすら、直接生きることができず、この肉体が三〇歳に達したとき、やっとそこに受肉することができたのです。キリスト衝動はイエスの人生の中で、三年間だけ存在できたのです。キリスト衝動がひとりの人間の一生の間、ずっと生き続けることができない、ということの中に、キリスト衝動の特別のありようが表現されています。

現代という時代にとってのキリスト衝動の意味については、さらにお話しするつもりです。しかしこれまで述べてきたところからも感じとっていただけたと思いますが、偉大なギーターとパウロの書簡との関係を考えるとき、実際、ギーターの表現全体は、多くの先行する諸時代の円熟した果実である故に、それ自体完全なものでありえます。そしてパウロの書簡は、未来の、地球紀を超えた未来の宇宙紀への最初の萌芽を含んでいる故に、ずっと不完全なものでなければなりませんでした。

ですから、宇宙紀の経過に眼を向けようとする人は、ギーターに較べてパウロの書簡の不完全性を、意味のある不完全性を、もみ消したり、取りつくろったりしないで、そのまま認めなければなりません。なぜこの不完全性があらねばならないのかをも、理解できなければなりません。

第五講

ケルン　一九一三年一月一日

今回の連続講義で、私たちは二つの重要な人類の記録を私たちの魂の前に提示しました。少くともこの講義のための短い期間に可能な限りにおいてですが。そして私たちが学んだのは、この二つの重要な人類の記録である、崇高な「バガヴァッド・ギーター」と「パウロの書簡」とを生じさせるために、どんな衝動〔複数〕が人類の進化発展の中に流れ込まなければならなかったか、ということでした。

今私たちの理解のために、さらに重要なのは、ギーターの精神とパウロの書簡の精神の間の相違点に眼を向けることです。

すでに申し上げたことですが、ギーターを読むと、クリシュナが弟子のアルジュナに与えることのできた教えに出会います。その教えは、一人ひとりに与えられます。

個々に与えるのでなければなりません。まさにギーターの中で提示されているように、基本的に内的な教えなのです。

とはいえ、こんにちでは誰でも、ギーターを読めば、この教えに接することができます。しかしギーターが作成された時代には、もちろんそうではありませんでした。その教えがすべての人の耳に入ることはありませんでした。口頭で個々に伝えられる伝達だったのです。あの古い時代には、教師たちは常に弟子の魂の成熟度に注意を向けて、一人ひとりの弟子の成熟度に応じた教えを伝えました。

私たちの時代では、どんな教義の伝授に関しても、そういうあり方はできなくなりました。どんな教えも、世間の光の下にさらされているからです。私たちの生きている時代の精神生活の内容は、なんらかの仕方でかつて公開されたことがあるのです。私たちの時代にはもはや神秘学は存在しないというのではありませんが、私たちの神秘学は、印刷されないから、公開されないから神秘の学なのではありません。そんなことはもはやありえないのです。

私たちの時代には、さまざまな神秘学が公開されています。例えばフィヒテの知識学は、印刷され、どんな人も読めますが、本当の神秘教義です。そしてヘーゲルの哲学も、神秘教義です。なぜならごく少数の人にしか知られておらず、それどころか神秘教義であり続けるための数多くの手段さえも用いているのですから。

フィヒテの知識学やヘーゲルの哲学は、神秘教義であり続ける非常に単純な手段をもっています。なぜなら、それらは、大抵の人がその最初の数頁を読むと、何が書いてあるのか分からず、眠ってしまうように書かれているからです。それによって、事柄そのものが神秘であり続けるのです。

私たちの時代には、このような意味で、よく知られていると思われている非常に多くの事柄が神秘教義であり続けているのですが、そのことに気づいている人はあまりいません。そして基本的に、ギーターというよく知られた書物の内容も、神秘教義であり続けています。実際、こんにちギーターを手にするとき、ある人は自分の内面の進化に関する圧倒的に偉大な開示を読み取るのですが、別の人はその中に単なる興味深い物語しか見出さずにいます。後者の人にとって、ギーターの中で語られる概念も感情も、すべてありきたりのものでしかないのです。ですから誰かがギーターの言葉にふれ、そこに述べられている事柄が自分にとってまったく無縁なものでしかない、と思ったのなら、いくらその内容をギーターの言葉を使って再現できたとしても、ギーターを本当に学んだ、とは言えません。そのような意味で、多くの事柄が、その事柄の崇高さのおかげで、通俗的にならずに済んでいるのです。

ギーターとして文学的に表現されている教えは、まさに今の時代においてこそ、一人ひとりが自分で身につけ、体験するのでなければなりません。一人ひとりがギーターを通して自分の魂を成長させ、ついにはヨーガの守護神クリシュナとの出会いを体験するのでなければなりません。ですから、ギーターの教えは、一人ひとりのための教えなのです。偉大な師が個人へ向けて伝えるものなのです。

この観点から「パウロの書簡」の内容を考察してみると、違いがはっきり見えてきます。ここではすべてが一般大衆のためにあります。すべての事柄が基本的に多数の人に向けられています。

実際、クリシュナの教えの内奥の核心に眼を向けますと、次のように言わざるをえません。――「クリシュナの教えを体験するときには、一人ひとりの魂が単独で、孤独の中で体験する。孤独な放浪する魂でなければクリシュナには出会えない。そのときの魂は、道をふたたび神の原啓示へ、根源の存在体験へ導かれる。クリシュナが与えることのできるものは、一人ひとりの個人のためなのだ。」

キリスト衝動が働く場合は、そうではありません。キリスト衝動は、はじめから人類全体に向けられていました。ゴルゴタの秘蹟は、個々の魂のために生じたのではなく、地球進化のはじめから終わりにいたるまでの人類全体に向けられた行為だったのです。ゴルゴタの丘で生じたことは、すべての人間のために生じました。その行為は、あらゆる意味で、万人によって共有されるべき事柄なのです。だからパウロの書簡の様式は、崇高なギーターの様式とはまったく違っています。

「ギーター」のクリシュナはヨーガの神として、神としてのクリシュナの本性が自分自身の本性でもあるのを見極めることができるようになるため、どのようにアルジュナの魂が一段一段上昇していくことができるか、について語ります。

一方、パウロの書簡の中には、崇高なギーターに匹敵するほどに偉大でありながら、まったく異なる響きが聞こえてくる箇所があります。パウロがコリント人へ宛てて書いた書簡の一節です。そこには、仲間の中に存在する、違った人間的才能をどのように協力させ合えるかが述べられています。

クリシュナはアルジュナに言います。――これこれ、しかじかのことを行いなさい。そうすればお前の魂は一段一段上昇していける。

パウロはコリント人たちにこう告げます。――あなたたちの誰かはある才能をもち、別の誰かは別の、第三の誰かはさらに別の才能をもっている。人体の各部分が働き合っているように、あなたたちも互いに働き合うなら、霊的にひとつの統一した全体がそこから生じるであろう。その全体にキリストの働きを完全に浸透させなければならない。

ですから、パウロは、ともに働く人びとのために、つまり多数の人のために語るのです。そしてある特別の機会になると、パウロは特定の人に向き合います。いわゆる「異言」（舌語り）の能力が生じたときにです。

パウロの書簡に出てくるこの「異言」とは、何のことでしょうか。古い霊的な能力の残りのことに他なりません。この古い能力が今ふたたび、私たちの前に立ち現れてきます。

私たちが秘儀参入の方法として、霊聴について語るとき、私たちの時代に霊聴を獲得した人は、まったく意識的に、この霊聴を体験します。ちょうど私たちが意識的に日常、知性や感覚的知覚を働かせているように、です。

古い時代は、そうではありませんでした。当時の人は、高次の霊的本性たちの道具になったような語り方をしました。高次の本性たちが高次の事柄を当時の人の舌に語らせたのです。だから自分ではまったく理解できないような事柄を語ることができました。霊界からの通知が届いたとき、それを語る人はその言葉の意味を理解する必要はありませんでした。そのようなことが、ちょうどコリントで生じました。そのとき、何人もの人がこの「舌語り」の能力を示し、霊界からのあれこれを告げることができたのです。

このような能力の場合、語られる内容は、いずれにせよ霊界からの啓示なのですが、ある人はこう語り、別の人は別のことを語ります。なぜなら霊界の分野はさまざまだからです。ある人はある霊界領域から、別の人は別の領域から霊感を受けます。ですから、啓示内容が一致しなくなることもありえます。一致するようになるのは、人が意識を十分に働かせて、霊界へ参入するときだけです。

それ故、パウロはこう警告します。――舌語りのできる人たちもいれば、その舌語りを解釈できる人もいる。その人たちは、右の手と左の手のように、互いに働き合うのでなければならない。そして「舌の語り手」の言葉に注意を向けるだけでなく、舌語りの能力がなくても、誰かのもたらした霊界からの異言を解釈することのできる人たちの言葉にも注意を向けるべきである。

このようにしてパウロは、人々が一緒に働くことで可能となった教団（教会）全体の霊的な課題に人びとの注意をうながします。

パウロは、この「舌語り」と結びつけて、すでに言いましたように、実に見事な説明をするのです。その力強さの点で、昨日行ったこととは違った関連で、ギーターの伝える事柄に匹敵するほど見事な説明をです。

「コリントの信徒への手紙」一の一二章でパウロはこう述べます。（新共同訳）——

「兄弟たち、霊的な賜物《たまもの》については、次のことはぜひ知っておいてほしい。あなたがたがまだ異教徒だったころ、誘われるままに、ものの言えない偶像のもとにつれて行かれたことを覚えているでしょう。ここであなたがたに言っておきたい。神の霊によって語る人は、だれも「イエスは神から見捨てられよ」とは言わないし、また聖霊によらなければ、だれも「イエスは主である」とは言えないのです。

賜物にはいろいろありますが、それをお与えになるのは同じ霊です。務めにはいろいろありますが、それをお与えになるのは同じ主です。

働きにはいろいろありますが、すべての場合にすべてのことをなさるのは同じ神です。一人一人に〝霊〟の働きが現れるのは、全体の益となるためです。ある人には〝霊〟によって知恵の言葉、ある人には同じ〝霊〟によって知識の言葉が与えられ、ある人にはその同じ〝霊〟によって信仰、ある人にはこの唯一の〝霊〟によって病気をいやす力、ある人には奇跡を行う力、ある人には預言する力、ある人には霊を見分ける力、ある人には種々の異言を語る力、ある人には異言を解釈する力が与えられています。これらすべてのことは、同じ唯一の〝霊〟の働きであって、〝霊〟は望むままに、それを一人一人に分け与えてくださるのです。

体は一つでも、多くの部分から成り、体のすべての部分の数は多くても、体は一つであるように、キリストの場合も同様である。つまり、一つの霊によって、わたしたちは、ユダヤ人であろうとギリシア人であろうと、奴隷であろうと自由な身分の者であろうと、皆一つの体となるために洗礼を受け、皆一つの霊をのませてもらったのです。体は、一つの部分ではなく、多くの部分から成っています。足が、「わたしは手ではないから、体の一部ではない」と言ったところで、体の一部でなくなるでしょうか。耳が、「わたしは目ではないから、体の一部ではない」と言ったところで、体の一部でなくなるでしょうか。もし体全部が目だったら、どこで聞きますか。もし全体が耳だったら、どこでにおいをかぎますか。そこで神は、御自分の望みのままに、体に一つ一つの部分を置かれたのです。すべてが一つの部分になってしまったら、どこに体というものがあるでしょう。だから、多くの部分があっても、一つの体なのです。目が手に向かって「お前は要らない」とは言えず、また、頭が足に向かって「お前たちは要らない」とも言えません。それどころか、体の中でほかよりも弱く見える部分が、かえって必要なのです。わたしたちは、体の中でほかよりも恰好が悪いと思われる部分を覆って、もっと恰好よくしようとし、見苦しい部分をもっと見栄えよくしようとします。見栄えのよい部分には、そうする必要はありません。神は、見劣りのする部分をいっそう引き立たせ、体を組み立てられました。それで、体に分裂が起こらず、各部分が互いに配慮し合っています。一つの部分が苦しめば、すべての部分が共に苦しみ、一つの部分が尊ばれれば、すべての部分が共に喜ぶのです。」

そこでパウロは、彼のコリントの信徒たちに、こう語ります。――

「あなたがたはキリストの体であり、また、一人一人はその部分です。神は、教団の中にいろいろな人をお立てになりました。第一に使徒、第二に預言者、第三に教師、次に奇跡を行う者、その次に病気をいやす賜物を持つ者、援助する者、管理する者、異言を語る者などです。皆が使徒であろうか。皆が預言者であろうか。皆が教師であろうか。皆が奇跡を行う者であろうか。皆が病気をいやす賜物を持っているだろうか。皆が異言を語るだろうか。皆がそれを解釈するだろうか。あなたがたは、もっと大きな賜物を受けるよう熱心に努めなさい。」

次いでパウロは一人ひとりの中に、そしてまた信徒たちの中にも働いている力について語ります。体の力が体の一つひとつの部分をどのように関連づけているかについて、です。クリシュナでさえ、同じ教団内で働く人間のさまざまなあり方について、これ以上のことをアルジュナに語ってはいません。

パウロは、人体が個々の肢体部分を統合しているように、さまざまな部分を統合する「キリストの力」について語ります。すべての肢体部分の中の生命力のように、個々の人の中で生きることのできるキリストの力、そしてまた信徒全体の中にも生きているキリストの力のことを、圧倒的な言葉でこう特徴づけます。――

「そこで、わたしはあなたがたに最高の道を教えます。たとえ、人々の異言、天使たちの異言を語ろうとも、愛がなければ、わたしは騒がしいどら、やかましいシンバル。たとえ、預言する賜物を持ち、あらゆる神秘とあらゆる知識に通じていようとも、たとえ、山を動かすほどの完全な信仰を持っていようとも、愛がなければ、無に等しい。全財産を貧しい人々のために使い尽くそうとも、誇ろうとしてわが身を死に引き渡そうとも、愛がなければ、わたしに何の益もない。

愛は忍耐強い。愛は情け深い。ねたまない。愛は自慢せず、高ぶらない。礼を失せず、自分の利益を求めず、いらだたず、恨みを抱かない。不義を喜ばず、真実を喜ぶ。すべてを忍び、すべてを信じ、すべてを望み、すべてに耐える。

愛は決して滅びない。預言は廃れ、異言はやみ、知識は廃れよう。わたしたちの知識は一部分、預言も一部分だから。完全なものが来たときには、部分的なものは廃れよう。幼子だったとき、わたしは幼子のように話し、幼子のように思い、幼子のように考えていた。成人した今、幼子のことを棄てた。わたしたちは、今は、鏡におぼろに映ったものを見ている。だがそのときには、顔と顔とを合わせて見ることになる。わたしは、今は一部しか知らなくとも、そのときには、はっきり知られているようにはっきり知ることになる。それゆえ、信仰と、希望と、愛、この三つは、いつまでも残る。その中で最も大いなるものは、愛である。（ここまで第一三章、このあと第一四章に続く）

愛を追い求めなさい。霊の賜物、特に預言するための賜物を熱心に求めなさい。異言を語る者は、人に向かってではなく、神に向かって語っています。それはだれにも分かりません。彼は霊によって神秘を語っているのです。」

パウロは異言の本質をよく知っていました。パウロは異言を語る人が霊界へ身を移し、神々と語っている、と言っているのです。（以下第一四章三以下）

「しかし、預言する者は、人に向かって語っているので、人を造り上げ、励まし、慰めます。異言を語る者がどこか自分に満足しているのに対して、預言する者は教会を造り上げます。あなたがた皆が異言を語れるにこしたことはないと思いますが、それ以上に、預言できればと思います。異言を語る者がそれを解釈するのでなければ、教会を造り上げるためには、預言する者の方がまさっています。

だから兄弟たち、私があなたがたのところに行って異言を語ったとしても、啓示か知識か預言か教えかによって語らなければ、あなたがたに何の役に立つでしょう。笛であれ竪琴であれ、命のない楽器も、もしその音に変化がなければ、何を吹き、何を弾いているのか、どうして分かるでしょう。ラッパがはっきりした音を出さなければ、だれが戦いの準備をしますか。同じように、あなたがたも異言を語って、明確な言葉を口にしなければ、何を話しているか、どうして分かってもらえましょう。空に向かって語ることになるからです。」

以上のすべてが語っているように、さまざまな才能が教会（Gemeinde）のメンバー一人ひとりに分け与えられます。そして教会のそのメンバー一人ひとりは個性として、共に働き合わなければなりません。しかしまさにこの点で、パウロの啓示は、それが生じた時代に立って言えば、根本的にクリシュナの啓示とは異なる社会的な方向へ向かわざるをえなくなります。

クリシュナの啓示は個々の人に向けられていますが、その個人はヨーガの神が人間に与えてくれた修行の道を辿る意志をもっているのでなければなりません。その道の上で超感覚的世界へますます上昇していくのです。人びとは、クリシュナの教えに従って霊界へ参入しようとするのです。

パウロは同じ教会内における個人個人の相異に眼を向けました。各人はそれぞれ独自の個性、能力をもっているからなのですが、しかし大切なのは、眼に見えない仕方ですべてのものの上に働いているキリスト衝動に眼を向けることなのです。個人としてのどんな人の中にも存在しておらず、どんな異なる人の中にも存在できるキリスト衝動にです。

キリスト衝動は、人類の新しい集合魂のような何かなのですが、この人類が意識的に求めなければ出会えない集合魂なのです。

以上の点をはっきりさせるために、一度次のようなことを思い描いてみましょう。――霊界の中には、同じ教団に属する一定数の人が存在しており、その人たちは存在の内奥の部分でキリスト衝動に接している。一方、そこにはクリシュナの弟子たちもおり、それぞれの仕方でヨーガの神、すなわち自分自身の衝動にも従っている。霊的な生活の中で、一人ひとりが与えられた同じ道を辿っている。キリスト衝動の影響を受けた人たちは霊界の中でも同じ道を辿るのではなく、身体を失っても、霊的社会のために、一人ひとり自分の個性を、他とは異なる自分の霊の働きを保っている。そしてその一人ひとりがそれぞれ個別の存在であることをふまえて、キリストは一人ひとりの魂の中に同じ衝動を送り込む。――

ですからキリスト教徒は、互いに異なる人びとが同じ集団（聖書訳では教会）を共有しています。魂が身体から離れたときにもです。一方クリシュナの弟子たちの魂は、身体から離れても、ヨーガの神から教えられた道を、それぞれの仕方で辿っています。

魂たちの個性がますます互いに異なっていくのは、人類進化にとって不可欠なことなのです。

語り口は、当然のことながら、霊的指導者によって違っています。ギーターの場合、クリシュナは弟子アルジュナに個人的に語っているのですが、パウロはもともと、教会内のすべての人に、同じ内容を語ろうとしています。魂の成熟度は一人ひとり異なりますから、日常の中で生活に没頭している人もいるし、秘教の段階で、秘教的キリスト教に導かれて、道を辿る人もいます。それは一人ひとりの進歩の問題なのです。キリスト教徒もこれからますます先へ進んでいって、秘教上の最高の高みにまで達することができるでしょう。出発点がクリシュナの教えと少し違っているにしてもです。

クリシュナの教えでは、今立っているところから出発して、個人として、一人ひとりが魂を高めていきます。キリスト教では、そもそも一歩先へ進む前に、教会内でキリスト衝動と結びつくことを最優先させます。

クリシュナへの霊的な道を歩むことができるのは、クリシュナの教えを受け容れることのできる人だけです。その道は困難ですが、キリストへの道はもっと易行の道で、どんな人も歩むことができます。なぜならキリストは、すべての人のために秘蹟を与えてくれたのですから。そもそも人であれば、善人であれ、悪人であれ、どんな人もこの秘蹟に関与できるのです。しかしこの秘蹟はどこか外面的、日常的です。物質界で成就される何かなのです。ですから第一歩は物質界の教団内での行為になります。これがキリスト教の本質なのです。

このキリスト衝動の世界史的な意味が分かれば、あれこれのキリスト教の宗派から始める必要はなくなります。まさに私たちの時代においては、まったく反キリスト的な立場、キリストに無関心な立場からも始めることができるのです。しかし私たちの時代の精神生活に心を向けて、唯物主義の矛盾や愚かさにも関心を向けるなら、特定の信仰の立場から出発しなくても、まさに、私たちの時代のもっとも暗黒な部分からこそ、キリストへの道がひらかれるのです。

ですから私たちのサークルの外で、私たちの運動が、特定のキリスト教信仰から出発している、と言われるのは、ひどい誹謗、中傷にほかなりません。なぜなら、私たちが問題にしているのは、なんらかの信条から始めることではないからです。精神生活そのもののありようを問題にしているのです。イスラム教徒であれ、仏教徒、ユダヤ教徒、ヒンドゥー教徒であれ、キリスト教徒であれ、誰であろうと、人類進化にとっての「キリスト衝動」の意味が、つまり愛の意味が理解できる、と言いたいのです。愛によれば、クリシュナ衝動だからキリスト衝動、キリスト衝動だからクリシュナ衝動になるのです。

しかしこのことは、同時に、私たちがパウロの立場を、その根底まで洞察することでもあります。この関連において、まさにパウロこそ、キリスト衝動を世に初めて広めた人物なのです。

私たちは、サーンキヤ哲学が形態の変化を、プラクリティ（物質原理）に関わる事柄を問題にしている、と述べましたが、パウロの場合は、彼の深い意味をもった書簡のすべてにおいて、プラクリティよりもプルシャを、魂的なものを扱っています。人類の進化全体を通してさまざまな進化を遂げてきた魂的なものの生成、運命について、パウロの書簡の中に、深い認識が見てとれるのです。

その場合、サーンキヤ哲学の成果とパウロの書簡とは、見事に補い合います。すでに昨日申し上げたように、サーンキヤ哲学のすべてが問題にしているのは、人間の魂が物質形態の変化に規定されている、ということです。しかしプラクリティ（物質原理）は、外的なものに留まっており、魂にとっては生きるための手段でしかありません。サーンキヤの思想の内部では、秘儀参入のための努力のすべては、物質存在から自由になること、外部に自然となって広がっているものから自由になることなのです。なぜなら外部に自然となって広がっているものは、ヴェーダ哲学の意味でマーヤー（幻影）なのですから。

マーヤーは外にある物質的なもののすべてです。そしてそのマーヤーから自由になる手段が、ヨーガです。実際、これまで述べてきたように、ギーターの中で求められているのは、人間が物質と結びついた自分の行為、自分の意志と思考、快感と享受のすべてから自由になることであり、魂が外的なすべてに打ち克つことなのです。

人間の果たすべき課題は、物質から自由になることによって、みずからのうちにやすらぎ、充足することなのです。このようにして、基本的に、クリシュナの教えの意味で進歩したいと思う人は、誰でもパラマハムサ（Paramahamsa）、つまり偉大な秘儀参入者のようになることを、心に思い描いています。いわば、プラクリティから自由になって、プルシャ（魂的原理）に徹しようとするのです。つまり、物質生活のすべての中にあって、この感覚世界で成し遂げた自分の業績のすべてにも一切捉われずに、純粋に霊的な生き方に徹するのです。感覚世界のすべてをふまえて、また生まれ変わることを前提に、この感覚世界に残した自分の仕事にも執着せず、いたるところで私たちの前に立ち現れるこのマーヤーから自由になり、マーヤーの勝利者になるのです。

しかしパウロは、それだけに留まろうとしません。もしも感覚世界はマーヤーである、というシャンカラの教えがパウロに伝えられたなら、パウロの魂の深層で何かが以下の言葉を語ったことでしょう。——

「しかしお前は、外でお前を取り巻くすべて、お前がその外の世界で為しとげたすべてのおかげで、お前をここまで進歩させてきたのではないのか。外なるすべては、プルシャではなく、プラクリティは、神が創造された神の作品なのではないのか。お前がお前をそこから引き上げようとしているその環境のすべても、神によって創られたのではないのか。お前が外なる物質世界の何かを軽蔑するとしたら、それは神の業績を軽蔑することになるのではないのか。その世界のすべての中には、神の啓示が、神霊が生きているのではないのか。お前は、まずはじめに、お前自身の仕事への愛と信仰と帰依の中で、神への思いを表現しようとしたのではないのか。それなのに、その外の世界に対して、神の業績に対して、勝利を収めようとするのか。」

パウロ自身が語ったのではありませんが、パウロの魂の深いところで生きている、物質世界に対するこの思いを心に深く感じとって下さい。なぜならそこには、物質界、自然界に対するキリスト衝動が表現されているからです。

パウロの意味でも、私たちを取り巻くマーヤーについて語ることはまったく可能です。「いたるところでマーヤーが私たちの周りを取り巻いている」、と語ることができます。しかし私たちはさらにこう付け加えます。「このマーヤーの中に神の啓示を見ることはできないのか。物質界のすべては神的、霊的な作品ではないのか。自然界、物質界が神的、霊的な作品であることを理解しないのは、冒瀆ではないのか。」

今、そこに別の問いが結びつきます。「神の作品だとしたら、なぜマーヤーなのか。なぜ周囲にマーヤーしか見えないのか。」

キリスト衝動に従うなら、物質界がマーヤーなのかどうか、という問いに留まろうとはしません。なぜマーヤーなのか、と問います。そしてその答えは、私たちを魂へ、プルシャ自身の問題の中へ導き入れます。すなわち、その答えは、魂がルツィフェルの権力に従わされているので、すべてをマーヤーのヴェールを通して見るしかないからだ、というものです。ルツィフェルの権力が魂となって、すべてのものの上にマーヤーのヴェールを広げているのです。

客観的であるから、外界がマーヤーとして見えるのでしょうか。そうではありません。もしも私たちがルツィフェルの権力に屈服していなかったら、客観的であることによって、私たちの魂には真実が見えていたでしょう。周囲に拡がっているものの根底に眼を向けることができないので、物質界がマーヤーとなって現れているのです。魂がルツィフェルの権力に従わされているのは、神々の所為《せい》ではなく、人間の魂の所為なのです。皆さんの魂がルツィフェルに従わされているために、世界がマーヤーになってしまったのです。

以上のようなキリスト衝動の立場から、「感覚は欺かない。判断が欺くのだ」というゲーテの言葉まで、ひとつの糸でつながっています。でも、俗物も狂信者も、ゲーテを、ゲーテのキリスト教を否定しようとしています。実際、ゲーテは、自分はもっともキリスト教的な人間のひとりだ、と言っていますが、その理由はゲーテ自身によれば、自分の存在の根底において、キリストの働きを感じており、だからこそ、「感覚は欺かない。判断が欺くのだ」という方式にいたったからだ、というのです。魂が判断しているものは、真実なのではなく、マーヤーなのだ。そしてその責任は対象にではなく、魂にある、とゲーテは考えています。古代人にとっては、まだ単純に神々自身の行為とされていた判断が、人間の魂の深層の中へ持ち込まれ、そこで今、ルツィフェルとの壮絶な戦いを行っているのです。

ですから、感覚的知覚の精神性を問題にしないで、物質そのものを否定しようとするのは、まさに一種の唯物論的な見方だとも考えられます。

人間にとって大切な教えである、人間の魂とルツィフェルとの戦いの教えは、まだ萌芽の状態でしか現れていません。しかも私たちのタマス時代になって、ますます無視され続けています。けれども、すでにパウロの書簡の中を脈打ち流れています。その教えは、いつかは地上のいたるところで、受け容れられるようになるでしょう。ルツィフェルと人間の魂との戦いは、今後ますます理解されなければなりません。それが理解されたとき初めて、現在の人類の進化段階が深いところで納得できるようになるでしょう。そうすれば、パウロが「最初のアダム」について語ったことの意味も理解できるでしょう。パウロによれば、最初のアダムの魂は、ルツィフェルに負かされ、ますます物質に取り込まれました。つまり物質に対して間違った向き合い方をするようになりました。そもそも物質は、パウロの書簡が述べているように、神によって創造された、良きものだったのです。物質のさまざまな経過は、良いものだったのです。ところが人類の進化の過程で、魂は、ますます悪に染まっていきました。なぜなら人間の魂は、はじめからルツィフェルの権力に負けていたのですから。

パウロはキリストを「第二のアダム」と呼びました。キリストはルツィフェルの試みを受けることなく、この世に現れました。ですからキリストは人びとの魂の友となり指導者となって、人びとの魂を次第にルツィフェルから引き離すのです。言い換えれば、人びとの魂をルツィフェルとのまっとうな関係に引き戻すのです。

秘儀参入者としてのパウロは、自分の知っているすべてを人びとに伝えることができませんでした。しかしパウロの書簡を心にひびかせる人は、そこに表立って語られている以上のことに、パウロが心の深みで語ろうとしていることに思いやることができるでしょう。聖書の中のパウロは、会衆に向って語っています。会衆の理解に合わせて語っています。ですから書簡によっては、しばしば正反対のことが語られたりしていますが、しかし語られている内容を深く受けとることのできる人は、パウロの語るいたるところに、キリストの本性から発する衝動［複数］を感じとることができるはずです。

　ここで思い出して下さい。ゴルゴタの秘蹟を生きるとはどういうことなのかについて、私たちがこれまで述べてきたことを、です。以下、長い話になりますが、私たちは数年かけて、マタイ福音書とルカ福音書について語り、イエス・キリストの異なる二つの成長物語が出てくるのは、実際に二人のイエス少年がいたからだ、と述べてきました。

　パウロの意味で外的に、肉身として、ダビデの系統に由来するイエスという名の少年が二人おり、その一人がナタン家から、もうひとりはサロモン家から現れたこと、つまりほぼ同じ時期に、二人のイエス少年が生まれたという事情を、出発点として、大切にしてきました。

　マタイ福音書の述べるイエス少年には、ツァラトゥストラの自我が受肉しました。そしてルカ福音書の述べるもう一人のイエス少年には、そもそも人間なら誰でも持っているような人間自我が存在していませんでした。マタイ福音書の少年の中にはツァラトゥストラの高度に進化した自我が生きていたのですが、ルカ福音書のイエス少年の中には、地球紀の人間の進化には関わったことのないような魂の本性が生きていたのです。

今、この場所で、この点について正しいイメージをもっていただくのは、容易ではありません。けれども、イメージしてみて下さい。アダムの中に受肉した魂、私が『神秘学概論』で「アダム」と呼んだ存在に受肉した魂が、どのようにルツィフェルの誘惑に落ちたのかを、です。この誘惑は、聖書では象徴的に「楽園からの追放」として述べられています。

そして、さらに、このアダムのからだに受肉した魂と並んで、当時、これまで肉体に受肉したことが一度もない魂が存在していたことをイメージしてみて下さい。人類進化の内部には、そもそも肉体をもつ人間が現れる以前にも魂がいたのです。この魂はその後、二つに分かれました。同じ魂の一方の後裔は、アダムに受肉し、その結果、ルツィフェルの影響を受けました。しかし別の魂、いわば姉妹魂ともいうべき魂は、賢明なる宇宙叡智によって、人間のからだに受肉しないでいました。

この別の魂は、魂の世界に留まり続けましたから、人間に受肉することがなかったこの魂と交流できたのは、秘儀参入者たちだけだったのです。

この魂は、ゴルゴタの秘蹟以前の人類進化の過程では、自我を体験したことがありませんでした。自我体験は、人体に受肉することで初めて可能になるのです。しかしこの魂は、そのおかげで、土星紀、太陽紀、月紀に体験できた叡智をすべて保ち、一人の人間の魂に可能なかぎりの愛の力をもっていました。

この魂は、人類進化の輪廻転生の過程で、人類がみずからにもたらしたどんな罪にも関わらずにいました。この魂は、外で出会えるような人間の魂なのではなく、もっぱら古代の見霊者たちだけが知覚できたような魂でした。秘儀の中でのみ人間界と関わっていたのです。ですからこの魂は、人類進化の内にいながら、しかもその上にもいたのです。原人であり続け、しかも真の「超人」だったのです。

このような魂がルカ福音書のイエス少年に、自我の代わりに、受肉しました。どうぞバーゼルでの『ルカ福音書講義』を思い出して下さい。以上のことは、すでにそのときに述べました。その魂は自我に似て非なる魂でした。そのような魂が、自我の働きと同じように、まったく自然に、イエスのからだに受肉したのですが、そこに示されたすべては、通常の自我とは違っていました。あの講義で述べたように、この少年が生まれたとき、すぐに母親にも分かる言葉で語ることができました。他にも似たようなことが生じました。

ツァラトゥストラの自我が生きていたマタイ福音書のイエス少年も、十二歳になるまで、ルカ福音書のイエスと共に、同じ時に、同じ場所で成長しました。ルカ福音書のイエス少年は、特に優れた人間的な認識、知識を持っていませんでしたが、神的な叡智と神的な犠牲心をもっていました。

このルカ福音書のイエス少年は、人間として学ぶことのできる事柄には才能を示しませんでした。御承知のように、十二歳のとき、マタイ福音書のイエス少年のからだからツァラトゥストラの自我が離れて、ルカ福音書のイエス少年のからだに受肉しました。このときのことがルカ福音書に記されています。イエスが十二歳のとき、両親がイエス少年を見失ったのですが、イエスは神殿の賢人たちの前で教えを垂れていたのです。

すでに学んだように、このルカ福音書のイエスは、三十歳までツァラトゥストラの自我を受け容れ、そしてそのツァラトゥストラの自我がルカ福音書のイエスのからだから離れると、そのからだに、キリストという高次のヒエラルキアの超人間的存在が受肉します。そのことが可能だったのは、そのからだが、まず十二歳まで宇宙的な叡智の力、宇宙的な愛の力に浸透され、次いでツァラトゥストラの自我の叡智に浸透されたことによるのです。

神キリストがそもそも人のからだに受肉したこと、そしてそのことを可能にするために特別のからだが必要であったこと、このことを理解すること以上に、キリストの本性に対して、ふさわしい畏敬、畏怖、そもそもふさわしい感情をもつことはできません。

キリストの本性についての、近代の秘儀に由来する、このような表現に接する人は、従来学んできたイエス・キリストの姿のような身近で人間的な印象を見出せない、と思うかも知れません。多くの人が尊敬の念を捧げてきたイエス・キリストは、親しみがあり、人間的で、普通の人間の姿をしています。ツァラトゥストラの自我のようなものを示してはいません。ですから、宇宙のあらゆる領域に由来する力を統合している、イエス・キリストの姿を述べる私たちの考え方を非難しようとします。

でも、そのような非難は、感覚、感情の本当の高みにまで到ろうとは望まない、単なる安易な思い込みによるのです。決して認識や感情の本来のありようをふまえてはいないのです。もっとも偉大な存在のことを知ろうとするのでしたら、最高度に私たちの魂を緊張させて、もっとも偉大なもの、崇高なものに少しでも近づくのにふさわしく、感情を緊張させ、集中させるのでなければなりません。感覚、感情はすべて、そのような内的集中によってのみ、高められるのです。

もう一つ、大切なことがあります。福音書の中に、よく理解しておかなければならない一節があります。「いと高きところには栄光、神にあれ、地には平和、み心に適う人にあれ」（ルカ福音書二の一四）。

私たちが学んできたように、この平和と愛の告知は、ルカ福音書のイエスのアストラル体に仏陀が浸透した、ルカ福音書のイエスの誕生時に語られました。当時、仏陀は、最後の受肉期を、ゴータマ・ブッダとなって過ごしたあと、霊界へ入っていました。ですからルカ福音書のイエスのアストラル体の中に浸透したときの仏陀は、地上でゴルゴタの秘蹟が生じるのを、霊的に見ていたのです。

私たちはイエス・キリストの本性を、こんにち初めて、神秘学の認識を通して、人びとに伝えることができるようになりました。パウロは、秘儀参入者であっても、当時の人に分かりやすい仕方で語らなければなりませんでした。こんにちの私たちの語るような概念を理解してくれる人びとに向き合っていたのではありません。しかしパウロの受けた霊感は、恩寵によって与えられたものです。パウロは古代以来の秘儀の規則的な修行を通して霊感を受けたのではなく、ダマスカスへの途上で、復活したキリストの顕現という恩寵によって霊感を受けたのです。ですから私は、この場合の秘儀参入を「恩寵による秘儀参入」と呼んでいます。

パウロは、このダマスカスでのキリストの顕現によって、ゴルゴタの秘蹟以後に復活したキリストが大地と結びついて生きている、と悟りました。パウロは、復活したキリストを認識してから、このキリストのことを語り続けます。一体なぜパウロは、キリストを、まさに見た通りの仕方で、見ることができたのでしょうか。

ここであらためて、ダマスカスでのこのヴィジョン、この告知の意味を考えてみなければなりません。なぜこの告知は、ヴィジョンだったのでしょうか。

オカルト的な事実にまったく関心のない人たちだけが、幻視をみんな同じようなものだと思っています。だからパウロのヴィジョンを、後世の聖人たちに現れたようなヴィジョンと区別しようとしないのです。

そもそもどこに問題があるのでしょうか。なぜパウロは、ダマスカスへの途上で現れたような仕方で、キリストの霊姿を見ることができたのでしょうか。なぜパウロは、これは復活したキリストだ、と確信できたのでしょうか。

この問いは、もうひとつ別の問いへ私たちを連れ戻します。「ヨルダン河でのヨハネの洗礼」と呼ばれるあの出来事に際して、キリストの本性がナザレのイエスと完全に合体するためには、何が必要だったのでしょうか。

キリストの本性が受肉すべき肉体を用意するために、何が必要だったのかについては、今申し上げました。しかし、復活した存在が、パウロに現れたように生なましく出現できたのには、何が必要だったのでしょうか。キリストがダマスカスへの途上のパウロに現れたときのあの光の輝き（Lichtschein）は何だったのでしょうか。これは何に由来するものなのでしょうか。

この問いに答えるには、先程述べたこと（一九三頁）に若干補足を加えなければなりません。先程申し上げたように、アダムの魂には姉妹の魂がいました。アダムの魂は人間の子孫の代々に働きかけましたが、この姉妹魂は魂の世界に留まり続け、そしてルカ福音書のイエスに受肉しました。しかしこの魂は、その当時、厳密な意味では、はじめて人間に受肉したのではなく、それ以前にも、すでに一度クリシュナの秘儀に関わったことがありました。それ以前、聖なる秘儀の使者として、この魂は使われていたのです。

先程言いましたように、この魂は秘儀と関わり、いわば秘儀の中で育まれて、人類にとって重要なことが生じると、そこへ派遣されましたが、この魂はエーテル体として現れることしかできませんでしたから、厳密には古い見霊が存在する限りにおいてしか知覚されませんでした。しかし古い時代には、見霊能力がありましたから、アダムのこの古い姉妹魂は、人に見られるのに肉体にまで入る必要がなかったのです。

このようにして実際、秘儀の衝動によって派遣されたこの魂は、繰り返して地上の人類進化の内部で、重要な事柄が生じたときにはいつでも現れました。しかし、見霊能力が存在していた古代においては、肉体にまで受肉する必要はなかったのですが、第三後アトランティス期から第四期への移行期に、見霊能力が、昨日話したように、まさに克服されねばならなくなったとき、この魂は、はじめて肉体に受肉しなければならなくなったのです。そのときは、もはや見霊能力が存在しなくなった時代に、自分を現わすための受肉でした。

こうしてこの魂は、ルカ福音書のイエスに受肉して現れます。ですから、十二歳のイエス少年の中で、ツァラトゥストラの自我とクリシュナの霊が結びつくことで、アジアのもっとも重要な世界観〔複数〕があの完全性を生じさせたのです。

神殿で教師たちに語るのは、ツァラトゥストラの自我だけではありません。このときのイエス少年はかつてクリシュナがヨーガについて語ったときのやり方で語ります。少年はさらに一段進歩したヨーガについて語ります。少年は三〇歳まで生きていくために、クリシュナからも力を受け取ります。このようにして初めて、キリストが受肉することのできる、あの完成された身体性が用意されたのです。

人類の霊的な流れ［複数］は、このような合流を生じさせます。このようにしてゴルゴタの秘蹟という、人類最高の指導者たちの共同作用、霊のいとなみの総合が可能となったのです。

パウロがダマスカスへの途上で見たのは、キリストです。そしてキリストを包んでいた光の輝きはクリシュナなのです。キリストは、自分の魂を守護してくれるクリシュナを得たことで、さらにこの世での働きを続けます。ですから崇高なギーターの内容をなすすべても、キリストと結びついて生きているのです。

私たちはかつてのクリシュナの教えの実に多くを、分散した形ではあっても、新約聖書の中に見出します。ですからクリシュナの教えは、このことによって、全人類の目標となり、目的となりました。キリストは、それ自体、高次のヒエラルキアに属しており、またヒエラルキアの一員として、太古の時代にも属しています。つまり人間存在が自分を取り巻く物質存在からまだ未分化だった時代にも、ルツィフェル的誘惑によって人間がマーヤーに包まれてしまう以前の時代にも、キリストは属しています。

人類の進化全体に眼を向けるなら、太古の時代の人類にとって、霊的なものと物質的なものとの間にきびしい区別はありませんでした。当時は、物質的なものはまだ霊的であり、霊的なものは、言ってみれば、まだ外的に開示されていました。

サーンキヤ哲学におけるプルシャとプラクリティ、または霊と体のような厳密な区別が意味をもたなくなるような本来の何かが、キリスト衝動の中に現われてくることによって、キリストもクリシュナもおのずから、神の創造行為のための人間の指導者になります。

私たちの罪によって、私たちにマーヤーが所与となって現れる、ということを認識したのなら、私たちはそれでも「無条件にマーヤーから離れなければならない」、と主張できるでしょうか。

そんなことは言えません。そんなことを言ったら、世界中に非現実的な霊の悪徳を広めることになってしまいます。私たち自身が、物質にマーヤーのヴェールをかぶせたのに、そのマーヤーを物質の本質にしてしまってはなりません。私たちはむしろ、自分の中で物質のマーヤー化が克服できたなら、ふたたび世界と融和できるようになる、と思うべきではないでしょうか。そうしたら、私たちを取り巻くこの世界から、「世界は神が創造したのだ。神は、創造の最後の日に、〝そして見なさい、何もかも、すべてはとてもよくできている〟と言ったではないか」、という声が響いてくるはずです。

もしもクリシュナの教えがなかったなら、カルマの働きが見えなくなってしまいます。しかしその一方で、神の啓示である物質存在のために、地球進化の始めに神が語った啓示、「見よ、すべては非常によくできている」という啓示が響いてきます。人間の判断だけなら、こう語らざるをえません。――「この世は善くない。なぜ神はこんな世の中を放置しているのか。」

人間の判断が神の判断の上に置かれてしまいます。だからこそ、私たちは進化の出発点に、啓示として語られた天地創造の言葉を理解しようと努めなければならないのです。大切なのは、人間の判断を神の判断の上に置かないことです。私たちにまとわりついている罪のすべてをいつか拭い落とせたとしても、ひとつの罪だけは残ります。

神の創造行為を誹謗するという罪です。

もしも地球のカルマが成就しなければならないというのなら将来、私たちの身にさまざまな不幸が襲いかかってくるでしょう。私たちのカルマはそれくらい悪にまみれています。

しかしそういうことが起こらずにすむように、キリストがあらためて私たちに、愛の衝動を贈ります。この衝動を受けて私たちは、ルツィフェルの誘惑の力を克服し、マーヤーのヴェールを破り、神の啓示の真実を知り、万象の真の形姿へ導いてくれるキリストを知り、そのキリストを通して「見よ、すべては非常に善い」という太古の言葉に至るのです。

この世のせいにしてはいけないこと、自分のせいにすべきことを学ぶために、私たちはキリストの存在と出会ったのです。私たちは、他の一切の罪をも引き受けることができるように、この罪、神の創造行為を誹謗する罪をも引き受けなければなりませんでした。

このことをキリストを通して、道徳感情として受けとること、このことがさらにキリスト衝動の新しい側面を教えてくれます。そして同時に、なぜキリスト衝動が高次の魂となってクリシュナ衝動に包み込まれる必然性があったのかをも知らされます。

愛する皆さん、この連続講義が意図しているような説明は、概念と理念による単なる理論を提示するためのものではありません。大切なのは、一種の正月のプレゼントとして、受け取っていただくことなのです。新年冒頭のプレゼントとして、天地創造のはじめに響いた神の言葉を理解することで、キリスト衝動をも理解しようと試みてください。皆さんがこのことを試みて下さることこそが、私たちの人智学的な精神潮流の出発点になってくれるのです。

この精神潮流が人智学的であることを裏づけるためにも、この流れを通して、人間が自己認識に至る道を、今後もますます努力して歩んでいく必要があるのです。

人間はまだまだ自己認識に達することができずにいます。まだアントロポスはアントロポスのことを認識できずにいるのです。人間が自分の魂の中で決着をつけなければならないことを、自分と外的自然との間の用件であるかのように、不真面目に考えている限り、人間が自己認識に至れるはずはありません。

世界がマーヤー一色に染められているのを見ることは、神々が私たちのために提示してくれたひとつの大切な課題です。このことは私たちの魂の課題ですが、このことは同時に、高次の自己認識に関わる要件であり、人間が人間であることの意味を認識するために必要な要件であり、人智学のための要件でもあります。神智学が人間にとって何でありえるのかを私たちに感知させてくれるべき人智学の要件なのです。

人智学運動に関与しようとする人の基本的な衝動は、最高度に謙虚であろうとすることでなければなりません。この謙虚さとは、こう言える謙虚さのことです。――「人間の魂の課題を飛び越えて、すぐに神的なものへ達しようとしたら、謙虚であろうとする思いはごく簡単に消されてしまう。そうなったら、すぐに謙虚さが高慢にとって代わられ、たちまち虚栄心に支配されてしまう。」

どうぞ人智学協会がこの謙虚さへの出発点になりますように。どうぞ人智学協会が何よりも、これまでの運動の中にすぐにまぎれ込んできた高慢、虚栄心、名誉欲、そして至高の叡智を学ぶときの不まじめさ、に陥らずにすみますように。そのためには人智学協会の出発点に際して、「マーヤーは人間の魂そのものの要件だ」、と考えることができなければなりません。

だから人智学協会は、私たちの謙虚さの結果であるべきなのです。このことを心に刻みつけておかなければなりません。なぜなら、この協会が超感覚的、霊的な領域に関わろうとするのなら、聖なる真理に対して、最高に真剣な態度で、謙虚に臨むのでなければなりませんから。

ですから「人智学協会」という名称を選んだことを、謙虚であることのあらわれとして受けとってください。そして、次のように自分に語りかけて下さい。――「私たちの中に生じている不遜と名誉心と功名心と、そして不誠実さを打ち消さなければならない。そのためには、ひたすら謙虚に、誠実に、神々とその叡智を仰ぎ見なければならない。そしてその一方で、人間と人間の叡智とにしっかりと向き合わなければならない。敬虔な気持ちで神智学を学び、真剣に人智学に没頭しなければならない。」

人智学は私たちを神的なものへ、神々へ導いてくれるでしょう。もし私たちが人智学を通して、最高の意味で謙虚に、そして真剣に、私たち自身を考察することを学ぶなら、そして厳格な自己教育と自己訓練の下で、すべてのマーヤー、すべての誤謬に戦いを挑むなら、青銅の板に書き記された「人智学」の文字が、私たちの頭上から消えることはないでしょう。

その「人智学」という文字は、私たちにとっての大切な警告の言葉なのです。「人智学」を通して自己認識を求め、自己分別を学び、真実を土台としてみずからの建造物を打ち立てるように、と警告しているのです。皆さん、真実が栄えるのは、自己認識がこの上ない誠実さで人間の魂の中に生き続ける時だけなのです。

虚栄心、不誠実さは、何に由来するのでしょうか。自己認識の欠如に由来するのです。真理、神々の世界、神々の叡智への畏敬の気持ちは、何に由来するのでしょうか。本当の自己認識、本当の自己教育、本当の自己育成に由来するのです。人智学運動は、そのために役立つ運動でなければなりません。

このことを申し上げたくて、人智学運動を始めるにあたって、この連続講義を行いました。この講義を通して、何か狭い、閉ざされた事柄ではなく、まさに私たちの運動によって、東洋の思考を含んだ壮大な広がりにまで視野を拡げることができれば、と願っております。

今私たちはこの運動を、謙虚に、人智学的な仕方で、そして自己教育的に、自己教育と自己育成への意志を働かせながら、行おうとしているのです。愛する皆さん！　皆さんが人智学を以上の意味で実践して下さるなら、人智学は栄えることができるでしょう。一人ひとりにも、集まりにも、必ずや喜びが与えられるでしょう。

以上がこの連続講義のしめくくりの言葉です。愛する皆さん、皆さんは数日来、この運動のために初めて参加されました。どうぞこれからも、いつも人智学のしるしの下に集まり、そして今申し上げた言葉、謙虚であることと自己認識、を忘れないで下さい。今私たちはこの二つの言葉を、理想として、掲げたのですから。

付　録

カミとヒト

［講　演］
高橋　巖

京都にて
2016年12月25日

みなさんこんにちは。

今日までたっぷり時間があったはずなのですけれど、今回はいつも以上にだんだん追い詰められて、昨夜は三時過ぎになっても、まだ何も話がまとまっていませんでした。毎回一度は絶望させられるのですけれど、今回は特に強烈な絶望を体験しました。そして、そのまま今朝になってしまいました。今回は何に絶望したのかというと、テーマは決まっていたのですけれど、ここにいらっしゃる皆さんと共有できるヒトとカミの関係を、どういう流れで辿ったらいいのか、ということが全然見えなかったのです。それで今朝になって、やっと何か筋道らしいものが見えてきたので、これからの話は、そういうものすごく真新しい、思いつきに近いような話になると思います。

はじめに言いたいのは、まず私たち自身が自分を振り返ってみるときのことです。私たちの多くはシュタイナーの思想を学んでいますから、シュタイナーの感覚で振り返ってみますと、シュタイナーにとっては、自分に深く入り込めば入り込むほど、その体験が同時に外に向かって流れていく、という形を必ず取るのですね。

例えば、一九一〇年に出版されたシュタイナーの『神秘学概論』のことを考えると、彼は人間の本質を考えるために、自我をどう体験するか、ということを一生懸命論じてくれています。『神智学』にも書いてありますけれど、あらゆるコトバの中でたったひとつ、「私」というコトバだけは、自分が自分のためだけに用います。自分以外は、どんな人も他人に対して、「あなた」とは言うけれども、「私」というコトバは使えない。「私」というコトバの言霊の中には、どうしようもなく絶対的な、ある意味では孤独な、唯一の存在としての自分に対する思いがこもっている、ということを論じています。「私」というコトバは、自分以外には使えない、という感覚を自分の魂があらためて認識するとき初めて、内なるカミが語り始める、と言うのです。『神秘学概論』におけるヒトとカミの関係は、まず私たち一人ひとりが自分に向き合い、私以外に自分に対して私と言える存在は、世界中にどこにもいない、ということを、まず思い知ることから始まる、というのです。

私の「私」は、世界中どこを探しても、今ここにいる自分の中にしかいない。その私を自分で「私」と言うとき、内なる神様が初めて語りはじめる、というのですね。私が自分に対して「私」と言うときの私の中に、神様が顔を出している。そのことを、どうすれば認識できるのかということが、『神秘学概論』のもっとも重要なテーマのひとつなのですね。

シュタイナーの書いたもうひとつの代表作である『神智学』の中にも同じことが述べられていますけれど、でも『神秘学概論』の場合は、それで終りではないのです。私が自分に対して「私」と言ったときに、私の中から神様が語りかけてくる、という感覚がもてると、さらに外に向けて、外のどんな物を見るときでも、山を見るときでも、サザンカの花を見るときでも、ワンちゃんネコちゃんを見るときでも、自分に対するのとまったく同じ感覚で向き合うとき、今度は動物、鉱物、植物から神様が自分に語りはじめる、というのです。シュタイナーにとっての神様は、自分の中にいるか、そうでなければ外のこの世の動物、植物、鉱物のどこかにいるのです。そのどちらかでなければ、神とは出会えない、というのがシュタイナーの根本的な考え方です。この世とか自分とかを離れた所で神を探しても、神の声は聞こえてこない。

自分と徹底的に向き合って自分と悪戦苦闘するとき、そのときシュタイナーの言う一片の霊的な働きが始まります。そして感覚を働かせて外のひとつひとつの物に向き合うとき、その物から自分に向かって、ちょうど自分の中の神様が自分に語りかけるように、外の事物が語りかけるのです。そのとき初めて、霊的な生活が始まるのです。私は前から、この本を読んで自我の問題を学んでいたつもりになっていたのですけれど、今年の一二月になって、だんだん追い詰められてきたとき、シュタイナーがどうして私、自我、ということをあんなに強調しているのか、やっとかすかに見えてきた感じがありました。今日は最初にそのことを報告させていただくことから話を始めたいと思ったのです。

うまく言えませんけれど、自我の本質の中から神の声が聞こえてくるという感覚、そしてその感覚が、内なる神イコール外なる神という感覚と結びつく、という感覚、この感覚は、実はキリスト教的というよりも、仏教的です。大乗仏教の華厳経や法華経を読むと、そのことがよく分かります。浄土系の思想になるとなおさらです。今年は一〇月ぐらいから一一月、一二月にかけて、シュタイナーの思想はキリスト教の思想だとシュタイナー自身は言っているけれども、むしろ仏教の思想に近いということが、だんだん見えてきたのです。
でも私としては、もちろんキリスト教と仏教を比較するつもりなどぜんぜんありません。キリスト教だから仏教なのであり、仏教だからキリスト教なのだ、と言いたいのです。それで、今日はちょっと資料を用意してきましたので、今言いましたことに関連する若干の資料を読ませていただこうと思います。シュタイナーがニーチェから引用した文章の一節です。

東洋と西洋は、われわれの臆病さ加減をからかうために、誰かが私たちの目の前にチョークで描いてみせた線引きにすぎない。（『ニーチェ　みずからの時代と闘う者』岩波文庫、二四頁）

最近、サイードの『オリエンタリズム』など、東洋と西洋の問題がいろいろ語られていますが、これはニーチェの「教育者としてのショーペンハウアー」という比較的初期の『反時代的考察』の中からの引用です。ニーチェにとって、「東洋と西洋は、われわれの臆病さ加減をからかうために、誰かが私たちの目の前にチョークで描いてみせた線引きにすぎない」。これはいくらでも関連づけて読めます。「キリスト教と仏教は、われわれの臆病さ加減をからかうために、誰かが私たちの目の前にチョークで描いてみせた線引きにすぎない」。もうちょっと続きます。

大した理由もないのに、二つの国民が互いに憎み合い、争い合っている。または二つの地域をたまたま海が分けへだてている。または数千年前にはまだ存在していなかったある宗教が自分のまわりで教えをたれている。そういうすべてが自由になることを妨げているのだ。

これはすごい表現だと思いました。さすがニーチェ、と思ったのです。私たちは、このこだわりをいろんなところで捨てきれなくて、いまだに東洋人と西洋人とか白人と黄色人とか、西洋文化と東洋文化とか、そういう言い方、考え方をどこかでしているというのは、ニーチェから見ると、われわれの臆病さ加減を試すために、誰かがチョークで線引きしたものをあだ、こうだと言っているのです。たまたま朝鮮と日本の間を海が分けへだてているからといって、別々の国だ、別々の感じ方をしている、と思うのはどうかしている、とニーチェは笑うのです。これを引用してくれたのはシュタイナーですけれど、この後でシュタイナーはこんなコメントを付けています。

彼は「つまりニーチェは」すでに一八七三年には、ダーフィト・シュトラウスに関する著作の中で、勝利に終わった戦いの「つまりドイツがフランスと戦って勝った時の戦いの」「危険で、好ましからざる結果」について語った。

ニーチェが、一八七三年に戦争に勝ったとき、「危険で、好ましからぬ結果」だと述べたというのですね。

それどころか、ドイツ文化もこの戦いにおいて勝利を収めた、と思っている人がいるとしたら、狂気の沙汰であるとさえニーチェは述べている。この狂気が危険なのは、この狂気がドイツ民族の中を支配するようになると、勝利を「完全な敗北に変化させてしまうからである。

まるでヒットラーのことを予言しているように、今だと読めますが、続けて今度はシュタイナーのコメントです。

これは、ニーチェの基本姿勢である。反時代的な人格の、みずからの時代に闘いをいどむ者の志である。

こんなニーチェ＝シュタイナーに、最近になってやっと出会いました。
それでカミとヒトの問題に戻るのですけれど、誰かにこの前、なんでカミとヒト、しかもカタカナのカミとヒトなのですか、と訊かれたので、このことも今日の課題になるかなと思い、答えをちゃんと出しておこうと思いましたので、それも忘れないうちに先に述べておきたいのです。

実は、私は人間という言葉が嫌いなのです。なんで人の後に間という字を付けなくちゃいけないのか、分からないのです。どうせ付けるなら、ジンカンと読めばいいものを、どうしてわざわざニンゲンと読むのか。日本語の発音として、前にンが付くと次は濁りますよね、だからニンゲンなのですけれど、本当はゲンじゃなくてケンですよね。間という文字をケンと読むと、一間、二間という長さの寸法にもなりますよね。なんで、人でいいのに、人に一間、二間という間を付けて、人間にしたのか、「世間」もそうですけど、そもそもピンと来ません。おそらく奈良の後期か平安の初期の頃に中国から伝わった言葉なんじゃないかと思います。そんな言葉の由来などどうでもいいのですけれど、ともかく自分のことを言うのに、なんで間という字を入れるのか、人でいいじゃないか、というのがまずあったのです。

ヒトという言葉の方が好きな理由はもうひとつあります。ヒトという語感というかヒトという言霊に、ひとつ、ふたつ、のヒトが入っていますよね。だからどこか孤独ですよね、ヒトという言葉は。人間というと、何か多数がイメージできますけれど、ヒトというと何か言葉の語感から、ひとりっきりのヒト、という感じがあると思ったのです。カミという言葉も、漢字で神と書くと、神様仏様という感じで、どうしても仏に対する神になってしまいがちですけれど、カタカナのカミだと、上と下のカミと結びついて、神仏の神よりも身近かな、何か自分より上の者、自分を超越した者、ヒトの上にある者みたいな感じで読めます。それはどこまでも言霊の響きですので、漢字で書くと、その響きがあまりピンと来なくなると思い、カタカナにしたというわけです。

それで、そんなことを考えていましたら、ヒトではなく人と書くと、今の私たちの場合には、いっぱいいろんな余計な概念というか余計な思いが結びついてきて、純粋なヒトというイメージが持ちにくくなる、とも思いました。ヒトでいいはずなのに、人になると、人についていろんな形容詞をつけたくなってしまうような気がしたのです。何が言いたいかというと、ヒトだと誰からも文句など言われないで、ひとりで生きていればいいという感じがどこかでするのですけれど、人と言うと、何歳かとまず考えます。

以前、京都で話をしたときに、若い方がそばに来られて、あなたは何歳ですか、と訊かれたのでビクッとしたことがあります。私は二十代から年齢のことが言われるのがすごく嫌で、十代、二十代のときは、「そんな歳になったのに、まだそんなに未熟なの」と言われているような気がしました。気がついたら、五十代六十代になってしまいますと、「いまだにその程度なの」と言われているような気がしてきます。人プラス歳という一体化がすごく嫌なのです。ですから最近でも、本の奥付などに私の経歴を入れるときは、年齢だけは入れないで下さい、と頼んでいます。要するに、人間というのは自然必然性から自由になっているからヒトになれるのに、年齢が入ると自然必然性に組み込まれてしまう、という感じなのですね。

この前、シュタイナーの現代について書いているいくつかのエッセイを読んでいましたら、こんなことを言っているのです。ヨーロッパですからもちろんキリスト教を踏まえた言い方なのですけれど、神様は、西暦紀元数百年までの間はヘレニズムやギリシア哲学の影響を受けていたので、全知の神と考えられていたというのです。ところが西暦紀元千年頃になってくると、全知に全能が加わって、神様は全知全能になるというのです。そしてそのあと、ヨーロッパでは自然科学が始まり、一六世紀、一七世紀あたりになると、さっき言いました自然必然性を科学的に研究する機運が高まって、自然法則を探求するヨーロッパの自然科学は飛躍的な成長を遂げます。そのとき出てきた問題が、自然必然性と神の全能との結びつきでしたが、そうなると人間に自由と愛の生きる場所がなくなってくる、というのです。シュタイナーが現代を論じているとき、特に現代の時代霊ミカエルを論じるときに、このことをいろんな角度から論じています。

その場合のキーワードは、「技術と産業と営利主義」です。技術と産業と営利主義または金融資本主義の影響の下に、ある種の社会必然性というのでしょうか、もうどうにもならない必然性が外からわれわれを不自由にしている。宗教的には、すべてを理解し、受け容れてくれる全知の神ではなく、全能の神が、悪いことをすると罰を加える。神様もそのように変わってきているというのです。宗教的に律法とか掟とかが、こういうことをすると神様の罰が当たるみたいな発想になって、宗教においても自由が奪われていく。この世の物質社会では、技術と産業と営利主義の必然性の中で生きる自由が奪われていく。そういうことをシュタイナーは強調しています。神の全能については後でも触れさせていただきますけれど、シュタイナーは、自然必然性に対してどういう態度を取るべきかを徹底して考えています。

シュタイナーが活動していた二〇世紀の一〇年代の頃に、ロシアにすばらしい一種の思想のルネサンスが起こりました。価値観を一変させて、共同で新しい時代に対する新しい価値を提示しようというグループが集まって、運動を始めたのです。『ロシアの宇宙精神』（せりか書房）で詳しく紹介されていますが、新しい宇宙観をつくろうという運動を宗教家、ベルジャーエフのような哲学者、経済学者、天文学者、いろんな分野の人が集まって始めたのですが、この運動は一九一七年のロシア革命で弾圧されて、ほとんどのメンバーはシベリアに流されたり処刑されたりして消えていきました。今また、新しくその頃の論文が読み直されつつあるようです。

この本を読んでびっくりしたのですけれど、みんなが集まって一つのことを願ったら、それが宇宙法則になる、という思想を皆で共有していたのです。つまり自然必然性に受け身で向き合うのではなく、自然必然性を自分たちでつくろう、つまり自分たちがカミになろう、という運動だったのです。普通考えると、ちょっとばかげている、主観的、空想的な願望のように見えますけれど、宗教家、哲学者、科学者が集まって、真剣に、われわれが願ったら、その願いは宇宙法則、自然法則になって働きかけてくれる、と思った人たちの思想運動が、二〇世紀初頭のロシアにあったのです。これも、自然必然性によって自分たちの自由が奪われるということに対する人間の側からの反発ですよね。

自然必然性の中には寿命も入っています。ヒトは生まれてから、せいぜい百年の間に肉体を失います。肉体を失えば、当然感覚も働かなくなるので、真っ暗闇の中に放り出されて、結局、魂も死に絶えて、無に帰ります。これが自然必然性ですよね。でも、その自然必然性によって、百年ぐらいの間に衰えて消滅する、ということを受け容れようとしない人たちがいてもいい、というのです。人間は時間で計れる存在だから人間なんじゃないのか、と考えるのが普通ですけれど、でもヒトだったらその自然必然性から超越できるはずです。シュタイナーもわれわれが自然必然性を受け身の態度で引き受け、自分の年の数を毎年ひとつずつ加えて、年取れば自分の寿命はもう残り少ない、と思いながらこの世から去っていくということが許せなかったのです。神智学もしくは人智学は、この問題をポジティブに、能動的に、まったく違った価値観で捉え直そうというのです。そもそもこの姿勢がシュタイナーの思想の基本です。

シュタイナーの思想は神智学から来ていますので、神智学を人智学と言い換えました。つまり、カミの智慧の学をヒトの智慧の学にしたのです。ですから、ここでもカミとヒトとの関係なのです。しかもその場合、神の方が人よりも偉いから、人智学より神智学の方が偉いはずだ、みたいな発想はしません。なぜなら、これからお話ししますように、ヒトすなわちカミで、カミすなわちヒトだ、と言いたいのですから。

話を首尾一貫させたいと思っているのですけれど、何となく支離滅裂ですみません。暗中模索なのです。

それで、もうひとつ、どうしても考えておきたいことがあります。それはヒトというと、年齢と結びつくヒトというのもありますけれど、もうひとつ、男と女という、人であることの制約というか余計な形容が加わって、本来はヒトのはずなのに、年だけでなく、女ですか男ですか、という区別が加わってくるのですね。人というと、いくつですか、という疑問がすぐに結びつくのとまったく同じ感じです。それで最近読んだ本の中で、男と女について何かすごい文章をいくつか見つけたので、ちょっと紹介させていただこうと思います。僕が尊敬する人の文章ばかり選びました。批判的に見ているわけではなく、自分の中にもこういう考え方がひそんでいるのかな、みたいな感じです。

ついでに言いますと、私が本を読むときの基本的な立ち位置というのは、プロボクシングやプロレスでリングに上がっている選手たちを、観客席に座って見ているのと同じ状態でいたのでは本を読んだことにならない、という気持ちでいたいのです。本を書いたり議論したりしている人たちは死に物狂いなのですね。なんとか勝つことでこの場を切り抜けたいと思って、リング上で死に物狂いで闘っている選手のようなのです。それを観客席にいて、あいつの顔はよくないとか、あのかっこうはきれいでないとか言ってもはじまりません。

ですから、男と女について書いてある文章を読むときも、書いている人はリングの上で死に物狂いで書いて、いま読んでいる私たちは観客席で見ている、という感じで、次の引用文を聞いていただきたいのです。ついでに言わせていただきますと、この場合の観客こそがカミであり、選手はヒトなのです。三波春夫さんに従えば、お客さまはカミさまです。そして、すぐあとで述べるように、選手は剣、観客は聖杯です。以前、岩波文庫の『ギリシア哲学者列伝』を読んで知ったのですが、すでにピタゴラスも祭りの観客をカミさまだと言っていたようです。

さて、四つの文章を紹介したいのですが、最初は鈴木大拙さんの『日本的霊性』です。

女性文化の欠陥は、しかし、その長処そのものが、それなのである。和らぎはよいが、時には骨がなくてはならぬ。柔らか味はよいが、「女々しさ」は余り歓迎できぬ。泣くも亦妙だが、いつでも「涙ぐましい」では埒があかない。日本民族の感情的性格は女性によりて十分に代表せられて居るが、われらの実際生活は感情だけではいけない。理智も入用だし、また霊性の動きもなくてはならぬ。女性は感覚性と感情性とに富んで居るが、論理と霊的直覚に欠けて居る。論理の方面は、とにかくとして、霊的直覚がなくては、日本民族も世界文化の向上に資すべき何ものをも持たぬということになる。（岩波文庫　八〇～八一頁、角川文庫　一〇二頁）

この『日本的霊性』は霊性、あるいは霊的直覚をテーマにしているので、女性はこの本からは外れてもらわなくてはいけない、と書いているようなものなのですね。もうひとつは、ソロヴィヨフの『神人論』という僕のすごく尊敬している本の翻訳をされている御子柴道夫さんがあとがきで書いている文章です。

女子供の無邪気な自己主張、エゴイズムには罪はない。自分の細い頸動脈を切断しようと刃物を握る女の激情は微笑ましいとさえいえる。だが、肉の死が死でないことを悟った男の手にするナイフは、蠢く虫けらの世界から宇宙を包む神の世界までを縦に鋭く切り裂こうとする。（東宣出版　ソロヴィヨフ選集2『神人論』三四二頁、一九七二年）

何か男をすごく偉く書いてあって、女を子供と一緒にして、女子供になっています。女子供の無邪気な自己主張、無邪気なエゴイズムには罪がないけれども、自分の首を切ろうと、刃物を握っている女の激情は微笑ましいとさえ言えるけれども、みたいな文章を読まされると、ちょっと変な気持ちになりますが、でも、これもリングに上って夢中で書いている、と思ってください。

三つ目は突然飛躍して、新約聖書の「パウロの書簡」です。

すべての男の頭はキリスト。すべての女の頭は男。そしてキリストの頭は神である。男は神の姿と栄光を映す者ですから、頭に物を被るべきではありません。しかし女は男の栄光を映す者です。というのは、男は女から出てきたのではなく、女が男から出てきたのだし、男が女のために作られたのではなく、女が男のために作られたのだからです。（「コリントの信徒への手紙」一―十一章）

人間を論じている本の中にこういうヒト論が、新約聖書の「コリント書」の時代から今の時代まで、一貫して存在しているのですね。他にもいろいろあるのですけれど、もうひとつ読ませていただきます。今度は、井筒俊彦さんの『イスラーム文化』(岩波文庫)の一節です。この本では、イスラームにおけるカミとヒト、男と女の関係を見事に描き出しています。

神はあくまでも主、主人。絶対的権力をもつ支配者です。そして人間はその奴隷。…このイスラーム的考え方はイスラームという宗教の性格を理解する上で決定的重要性を持つものであります。(六二頁)

このあと、偶像崇拝の否定との関連で、男と女の問題が次のように述べられています。

当時のアラブ一般の人生観としては、男の子をもつことこそ生き甲斐であり誇りであって、娘が生まれることはこの上もない恥辱とされていました。この事実を論拠として、『コーラン』は女神崇拝の風習の愚劣さを痛烈な調子で揶揄します。自分たちに娘が生まれることを恥としながら、神に娘が生まれたと言うつもりか、と。(六七頁)

男と女の関係を、カミとヒトとの関係に似た感覚というか、似た思想で書いてありました。こういう流れは二〇世紀になっても、一人ひとりの中にも生きているかもしれない、と思ったのです。

けれどもこの問題に関して、徹底的に批判的に議論してくれたのは、アメリカの女性の民族学者、リーアン・アイスラーの『聖杯と剣』だと思います。読みやすい日本語訳が出ています。この本は松岡正剛さんが「松岡正剛千夜千冊」の中で書評に取り上げていて、ダーウィンの『種の起源』以来の傑作という評価がある、という外国の書評を紹介してくれています。今までのヨーロッパ文化の本質は、聖杯ではなく剣だった、というのがこの本のテーマです。だから、その文化の神は全知ではなく、全能なんですね。全知だったら「分かってあげる」方なのですけど、全能だと「裁く」方になってしまうのです。だから剣なんですね。

宗教も道徳も剣の論理で、言い換えると男性の論理で、ヨーロッパは今日まで世界に君臨してきました。植民地主義は、男の、つまり剣の論理の典型です。それに対して、聖杯とは何なのかというと、剣で切るのではなく、分かってあげて受け容れるのです。器の思想です。これからは器の文化が必要な時代になる、とこの本は論じています。そしてこの器のシンボルは、聖杯であり、女性なのです。男性文化が、植民地支配をし世界戦争を起こすところまで来てしまった。もはやこれ以上男性文化に介入されては困る時代が来た、これからは女性文化、聖杯の文化が大切な役割を演じる時代に入る、ということを論じているのです。

この本を読んだときに、聖杯についてシュタイナーが語っていた言葉を思い出しました。シュタイナーもこの点についてはアイスラーとまったく同じ立場に立っているのですが、こんなことを語っています。自分はいろいろ書いたり語ったりしてきたけれども、その中でひとつだけ、どうしても自分で納得いかないまま、語ってきたり書いたりしてきたことがある、それは聖杯についてだ、というのです。たしか『聖杯の探求――キリストと霊界』(一九一三年）という講義の中に出ていたと思うのですけれど、あるとき自分は、聖杯についての自分の認識が不十分なことに気がついた、というのです。どういう意味でそう気がついたのかというと、はっきりとは書いていないのですけれど、私の感じでは、アイスラーの剣と聖杯の関係の聖杯のことに気がついたのだと思うのです。

Ａ と Ｂ があったときに、その二つを対比してどちらが優れているかを判定するのではなく、Ａ と Ｂ があったときに、Ａ と Ｂ の両方を生かそうとするという働きが聖杯なのではないか、ということです。

東洋なのか西洋なのか、キリスト教なのか仏教なのか、ではなく、キリスト教だから仏教、仏教だからキリスト教、東洋だから西洋、西洋だから東洋、という発想だと聖杯になるのですね。シュタイナーにとっても、この感覚が、ある時点まではっきり自覚できなかったのだと思うのです。それで、そのことに気がついたら、聖杯が月に映し出されていた、というのです。つまり聖杯は月にあった、太陽にあったのではない、というのです。聖杯は月にある、という言い方との関連ではっきりしてきたのは、真如《しんにょ》という言葉でした。そういえば、真如にも「真如の月」という言い方があります。

昔、何人かの友人たちと、『大乗起信論』の勉強会をやろうということになり、三年か四年か続けたことがありました。けれどもあまりに難しくて、いくら読んでも歯が立ちません。それで十ページぐらい進んで、また次の会に持ちこすことになり、次の会になっても、一ページ目からもう一度話し合わないと、全然先へ進めないのです。そんなことで三年か四年続けて『大乗起信論』を読んだのですけれど、半分も読めずに、結局、最初から繰り返し繰り返し読んでいて諦めた、という苦い思いがあります。その後、井筒俊彦さんが中央公論社から大乗起信論を論じた本を出してくれました。『意識の形而上学』（中公文庫）というタイトルです。大乗起信論を分かりやすく解説してくれている本なのですけれど、その本の中心のテーマが真如なのですね。

シュタイナーもある時やっぱりリングに上がって、思わず、東洋は物質の世界をマーヤーと考えているけれど、ヨーロッパでは物質の世界は神が創造したもの、と受けとめている、という比較をしたことがありました。これはシュタイナーが神智学協会から別れて、人智学協会を始めたときの講義の中の言葉です。たまたま筆記されて残っているので、今でも連続講義『バガヴァッド・ギーターとパウロの書簡』の中で読むことができますが、シュタイナーがそう語ったとき、まさか百年後に東洋で読まれるとは夢にも思わなかっただろうと思います。

東洋にとって、この世はマーヤーであっても、存在そのものはマーヤーではありません。大乗起信論は、はっきり真如といっています。真実在です。在ることがもっとも確かなのが、宇宙の根底に存在する真如なのですね。だからわれわれがどう生きようと、必ずどこかで根源的な実在である真如に出会って、それで生きる気持ちをもう一度甦らせるのです。もし人間にとってまったく主観的な世界、マーヤーが存在するとしても、一方にマーヤーがあれば、その一方で本源的な実在がそのマーヤーに浸透しているのです。それが東洋の思想の根本ですよね。一方の立場ともう一方の立場が両立できないとき、例えば、有ると無いとは両立しませんから、有と無が両立しないとき、東洋ではどうするかというと、その両者の間に別の空間をつくるのです。その別の空間のことを、大乗起信論では阿頼耶識《あらやしき》と呼んでいます。唯識の阿頼耶識とはちょっとニュアンスが違いますけれど、大乗起信論で阿頼耶識と言うときは、絶対矛盾の間に立って、対立する両者を仲介する働きのことを阿頼耶識と呼んでいるのですね。だからどうしようもないとき、阿頼耶識が働いて、対立を止揚するのです。

シュタイナーは阿頼耶識という言葉を知りませんでしたけれど、自然必然性と神の万能との間に立って人間がどういう立ち位置に立てばいいか、という問題に対して、シュタイナーは大乗起信論の阿頼耶識とまったく同じ意味の答えを出しています。つまり器になるのです。器になって、自然必然性も受け容れるし、神の全能も受け容れます。そして、矛盾したら、その矛盾の中でただ悪戦苦闘するのです。そのときシュタイナーは、悪戦苦闘すること自体がカミだ、と言っているのです。大乗起信論だったら、悪戦苦闘するそのことこそが真如だ、と言うと思いますけれど。この真ん中に立つ立ち位置が、シュタイナーの中で、だんだんはっきりしてくるにしたがって、たぶんシュタイナーにとっての聖杯の意味が、認識論的に深まっていったのだろうと思います。

「カミとヒト」という私たちの課題のためにぜひ考えておきたいのは、従来の伝統に従って、人イコール男で、女はその男を映し出す鏡にすぎないという男の立場に立つのか、アイスラーが言っているように、新しい時代の価値の転換の中で、すべてを受け入れて悪戦苦闘する立場に立つのか、です。答えはなくていい、とシュタイナーは考えています。答えは出なくていいけれど、とにかく時代の中で、矛盾をしょいこんで悪戦苦闘すると、そこに時代霊ミカエルが近づいてきて自分を助けてくれる、と言っています。

ですから、一九一〇年以後のシュタイナーの思想は基本的に、矛盾を矛盾として受け入れる思想に変わってきています。それ以前は、右か左かをはっきりさせるための、認識のための方法を論じていたのですけれど、次第にAかBかから、AもBもに変わって、それを抱え込んで悪戦苦闘することをミカエルと呼んだのです。シュタイナーは、今はミカエルの時代が来たと言っています。ミカエルとは何かというと、あれかこれか二者択一ではなくて、存在するものすべてを尊いものとして受け容れ、すべての存在を自分の中で受け入れて悪戦苦闘する。解決しなくても悪戦苦闘するということで新しい時代を切り開く、という考え方に立ったのです。

ここからが今日、ぜひお話したいことになるのですけれど、こういう立場に立った後で、一九一四年になりますと、七月の二八日に第一次世界大戦が始まります。はじめは数ヵ月で終わると思っていたら、たちまち戦いの場が拡がって、ヨーロッパ全体が戦場になっていきます。その一九一四年、七月に世界大戦が始まり、その二ヵ月後の九月になった時点で、シュタイナーは、ぜひここでもう一度秘儀を公開してください、と頼まれるのです。自分たちもいつ死ぬか分からない時代が来たので、一九〇三年、〇四年からシュタイナーが特定の人のために瞑想の方法を語っていたシュタイナーのエソテリック・スクール、秘儀の学校を、ぜひもう一度始めてくださいと頼まれます。そのときシュタイナーは、戦争中に、心を外へ向けず、ひたすら内に集中するエソテリック・スクールを再開するのは不可能です、と答えています。そして、でもいつ死ぬかわからないこの時代のために、自分はできる限りのことを話したいから、大事に受け取ってくれと言って、『オカルト的な読み方と聴き方』という四回の講義をするのです。

この連続講義を読んだときに感じたのですけれど、本当にシュタイナーは究極的なことを語ってくれているのです。戦争中だから大事なことは言えません、と言っているのではなく、最後の最後まで究極的なことを語るから、後はそれぞれ自分で自分のエソテリック・スクールを自分の中でつくってくれ、と言っているのですね。外の世界から離れた特定の場所に集まって秘儀を体験する時代ではなくなってしまったけれど、一人ひとりが自分で秘儀の場を自分の中につくることは可能だ、だからその場をつくる話をします、ということで論じてくれた内容がすごいのです。これは『内面への旅』というタイトルで「シュタイナー・コレクション」(筑摩書房)の中に入っていますけれど、本当にリングの上に立ってギリギリの発言をしているのです。

その発言の内容を今日紹介したかったのですが、全部で六つの道を辿ります。これがオカルト的な道を辿ることだ、と言っているのですが、まさに聖杯の道を辿ることではないかと思います。

第一の道は、他の所でシュタイナーがいろいろ心構えを語ったときには、話の最後に出てくることなのですけれど、「帰依《きえ》する」ということなのです。自分を捨てて何かに自分を託す態度、それで帰依です。シュタイナーが帰依と言うときには、自分の立場とか自分の価値観とか、そういうものをいっさいゼロにして、ひたすら相手の思い、もしくは相手の存在に自分を託すのです。そこから始まるのです。他の所で、シュタイナーが帰依について語るときには、だいたい最後の究極の立場として帰依のことを語っていることが多いのですけれど、『オカルト的な聴き方と読み方』では、そこから始めているのです。

自分の立場を忘れて相手の立場に立つというのは、実は日常誰でも行っていることです。なぜなら芸術行為はすべて、帰依によっているのですから。どんな芸術も帰依なのですね。例えば、テレビでドラマを見るとき、すごく感じの悪い役を与えられた役者が、精一杯最高に感じの悪い誰かの役を演じるとします。テレビの中のその人物を私たちはじっと見ています。感じの悪さへの帰依ですよね。どんな場合も帰依がないと、そもそも芸術は始まりません。美に関しては、その帰依を美的感覚、あるいは美意識と呼んでいます。帰依は「美的態度」のことなのです。画家が何かと向き合うとき、風景でも人物でも、自分の心などはどうでもよくなっています。ひたすら相手に自分を託していないと、風景も人物も表現できません。その画家の個性がどう現れているかは、結果にすぎません。対象を表現するときに、自分の個性をどう出そうかと思っていたら、その作家が本当の美の作品に至ることはありえないと思うのです。いったん自分を無にして、自分のすべてを対象に託さないと、芸術の体験にはなりえません。

シュタイナーは別なときに、この問題を詳しく論じています。こんなことを言っているのです。道端に草花が咲いていた。その草花と出会ったときに、草花は魂になりたいと思ってあなたの方を向いている、と思ってくれ。その草花の思いが感じ取れたら、そのあなたの感じは生命力になって草花の方に流れて行く、と言っているのです。続けてシュタイナーが言うには、あなたが今、道を歩いているとして、あなた自身の存在が道を歩いているのだと思ったら、間違いだ。あなた自身の存在はその道のはるか彼方にまで伸び拡がっている。今ここを歩いているのは、あなたではなく、あなたの肉体にすぎない、というのです。あなたの魂はそこに留まらないで、目に見える限りのはるか彼方にまで拡がっている。この存在のありようは、シュタイナーにとって決定的なことでした。われわれの存在は肉体の中に納まっているのではない。草花と出会ったときは、草花に自分の本質が流れて行く、テレビドラマを見ているときは、ドラマの展開の中に流れている。あなたの存在の本質は、一ヵ所に留まっていない。そういうことを論じて、その自他合一のあり方を、帰依と呼んでいるのです。だから帰依は、ただ自分を無にして相手に自分を託すことだけではなく、何か宇宙的な出来事がそのとき始まっている、という状態なのです。

帰依については、なおいろいろ問題があると思いますが、六つの道の一つひとつを言わせていただきますと、二番目の道は、「融合」と呼ばれています。本当の関係性というのは、向き合ってつくるのではなく、融け合うことで生じる関係なのだと述べ、その関係を融合と呼んでいるのです。

昔、ドイツ・ロマン派の美学の勉強をしていたとき、ノヴァーリスという若くして死んだドイツの詩人が、生きることの究極は融合にある、と述べていました。それ以来、ロマン派の本質は融合を生きることにあると思っていましたが、シュタイナーは第二の道として、この融合を取り上げています。そして例えば、人と話をするときに、相手の話を自分が語っていると思えるとき、融合なのだ。そして同時に、自分の話を相手が語っているように話すのも融合なのだ、と言っています。この体験はシュタイナーにとってものすごく重要なことで、この体験を少しでも自分の中で実感できた人は、すでに霊的な体験をしている、とも言っています。相手が言っていることを自分が言っていることのように感じ取れる感覚、自分の話を相手が語っているように語れる感覚です。こういう感じ方をするのは、霊的に体験しているることと同じだというのです。もちろん帰依も霊的な体験ですけれど、それをもっと深めていくというか徹底させた境地を融合と呼んでいるのです。

三番目がすごいのです。この第三の道をシュタイナーは「悪」と呼んでいます。自分と相手との間に少しでも融合の感覚が生じるとき、悪の可能性も始まるというのです。だから悪の本質は非常に霊的なものであって、物欲のような動物的本能だけでは悪にならない、融合の感覚が方向を間違えると悪になる、と言うのです。この講義ではそこまでしか言っていませんが、実はシュタイナーにとって、このことはとても大切な問題なのです。悪とは何かを考えるときの、シュタイナーにとっての決定的な、ちょっと他にない認識なのですね。現代哲学の最大の難問は、悪とは何かを論じることだと思いますが、キリスト教でも悪は最大の難問とされていますよね。

この問題を考えるときは、たぶんシュタイナーの場合、ルツィフェルもしくはルツィフェル的という人間の魂のありようが関係してくると思います。シュタイナーが言うには、どんな人でも大人になると、外の世界と深く関わろうとします。その外の世界が国家であろうと市民社会であろうと、あるいは勤め先の会社であろうと、自分の体を鍛えるためのスポーツ・ジムであろうと、とにかく目の前にある世界と真剣に向き合うときに、そういう一途にこの世と深く関わって行きたいという思いに対して、その思いに抵抗して、物質の世界以外の世界に心を向けさせようとする働きを、ルツィフェル、とシュタイナーは呼んでいます。それだけだとピンと来ませんが、シュタイナーは付け加えて、ひたすら外なる物質の世界に関わろうとする人の心に、少しでも権力への意欲が生まれてくると、ルツィフェルの餌食になる、というのです。だから、この世の世界の中で、少しでも自分を偉い存在にしたいと思った瞬間に、つまり上下の関係で融合を計ろうとすると、この世との本来の関係が断ち切られて、ルツィフェルの虜になる、というのです。真剣にこの世に向き合いたいのなら、自分は偉い、と絶対に思わないこと、自分が偉いと思うことは、自分が権力を持ちたいと思うことと同じであり、そこに悪の根源があるというのです。

同じことをシュタイナーは別の言い方でもしています。この世で普遍を問題にしようとすると、その途端にルツィフェルの虜になる、というのです。この世で大事なのは個別の中にしかない、とシュタイナーは言うのです。個々のものと深く関わろうとして、一生懸命がんばっているのに、そこにちょっとでも普遍的なものが紛れ込んでくると、その普遍を通して、自分が偉くなってしまう。自分を権力と結びつけてしまう。普遍イコール権力なのですね。そこにルツィフェルがつけこんでくる、というのです。

この問題はすごく深刻です。例えば、民主主義を普遍だと思うとします。どんな場合でも民主主義は正しいのだ、と思うとします。そうしますと、民主主義を社会に広める働きの中に、必ずその民主主義を利用しようとする権力者が現れる、とシュタイナーは強調していいます。民主社会が権力社会になってしまうというのです。ただその権力者は、表に出ないで、影に隠れている。だから民主主義国家、あるいは民主主義社会だったら、必ずその背後に権力者が影のように潜んでいる、というのです。それが○○さんという名前であろうと誰であろうと、隠れたところに権力者がいる。悪用しようとする人が出てくる、というのです。悪用しようとする人は、自分は偉いと思っている。自分は偉いと思うと、必ずその思いは権力と結びつく。シュタイナーは、それが一番ルツィフェルの願っていることなのだ、だから自分を偉いと思っている人は、すでに悪の道に歩き始めている、と言っています。それが融合と融合の次の第三の道である悪の本質なのですね。民主主義も融合する社会ですよね。何かに自分が関わって、他のみんなよりも自分の方が偉いと思い、その何らかの集まりを牛耳ろうと思った途端に、権力者になってしまう。そうするとルツィフェル的になってしまう。それが三番目の悪なのです。シュタイナーは、これ以外に悪の根拠はどこにもない、とはっきり書いていいます。要するに、自分が偉くなって、権力を自分が握った上で物質の世界に溶け込もうとすると、権力という霊的な働きに取り込まれるということ、それが第三の道なのです。

以上が『オカルト的な読み方と聴き方』の第三講の内容です。最後の第四講になると、第四の道が始まります。その道は、「多様性を体験する」という道です。シュタイナーによれば、霊的な体験をするのには、どんな個にも多様性があるという自覚が必要であり、それがないと、霊的な感覚にならない、というのです。どんな単一のものの中にも多様性があるという感覚です。だから自分はこういう人間だと思うことは霊的な感覚ではありません。自分は多様な人間だ、自分の個性はひとつではない、いろんな個性が自分をつくっている、という感覚を持たないと、自分に対して霊的な向き合い方ができない、というのです。例えばもし私が、私のことを多血質の人間だと思っているとします。ご承知の通り、人間の気質には多血質以外にも、粘液質、憂鬱質、胆汁質がありますよね。その場合、自分は多血質であるから粘液質であり、胆汁質であり、憂鬱質であるという感覚がないと霊的体験にならない、というのです。そうでないと、多血質の自分は別の気質の人を理解できなくなってしまいます。だから融合の道が歩めません。気質もそうですが、例えば、私は自分が日本人だと思えたときには、だから私はアフリカ人であり、アメリカ人であり、ヨーロッパ人であると思わないと、自分が見えてこないのです。自分は日本人だ、だからアメリカ人だ、というのが霊的な感覚です。自分は日本人だから、どこまでも日本人でありたいというのだと、霊的な感覚は育たないのです。これが四番目の多様性です。

私たちが漱石の『吾輩は猫である』を読むと、読んでいる私は猫になっています。猫になり切らないと面白くないのです。名前はまだないのだ、自分は捨てられて、拾われてここにいる、自分はカルマ的に、ある先生のもとに居着いて暮らしているみたいなことを自分のこととして感じ取れないと面白くありません。

原田マハさんの小説は、どの小説を読んでも、その主人公になり切らせようとしてくれています。その技法、物語の世界に引き込む表現力はすごいです。すっと入って行って、主人公になれちゃうのです。どういう主人公になれるのかというと、沖縄の人になり切れて、読み終わった後、沖縄の人間じゃなかった自分が不思議だと思えるような小説です。『生きるぼくら』を読むと、いじめにあって自分の部屋に引きこもって、どこにも出られずに何年も経ち、死んでもいいと思い込んでいる二四歳ぐらいの若者が、不思議な縁で、畑仕事に携わることになる話なのですけれど、いじめにあって家に引きこもっている若者が、お米をつくることに夢中になるまでの経緯が、何か自分のことのように思えて、読み終わった後で、自分が自分の世界から別の世界へ戻ってきたような感じで読めるのです。そう読めるというのは、私の中に多様性があるからでもありますよね。だからどの小説でも、小説が読めるということは、自分の中に、自分でないものを自分のことのように体験する能力がある、ということを意味していますよね。

第五の道も面白いです。「別の時間を生きる」という道です。四番目の多様性は空間の印象が強いのですけれど、五番目の多様性は、違う時代を生きる感覚です。これもやはり秘儀参入の体験の大事なひとつです。秘儀を体験できる人は、一六世紀を現代のように体験できるのです。朝鮮の一九世紀を自分のことのように体験できるし、二〇歳の時の自分を追体験することもできます。時間を自然必然性の中でしか捉えることができないのではなく、自然必然性から超越して、別の時間を生きる自分をも体験するのです。それが第五の道です。

このことも芸術によって、いくらでも体験できますよね。例えば、一八世紀のドイツを体験しようとするのだったら、バッハの音楽を聴けば、バッハの音楽の中に純粋に一八世紀のドイツが響いています。一九世紀の五年、六年、七年辺りを体験したいと思ったら、ベートーヴェンの交響曲を聴けば、一九世紀の最初の一〇年間のドイツの雰囲気が響きになって聞こえてきます。それを今の自分のこととして聴いています。時間を超越して、自分が今、一九世紀のゼロ年代のドイツに生きているということは、音楽を通して可能になります。音楽でなくても、どんな芸術作品もそうですよね。どんな異文化の、どんな時代をも追体験できる、それを自分のものにすることができるというのは、まさにオカルト的な体験ですよね。

問題は私たちが違う時間、違う時代の追体験をどこまで意識化できるか、なのです。無意識に体験していると、霊的な体験にはなりません。今自分は一八世紀のドイツを体験していると思ってバッハを聴けば、時代体験になりますよね。そもそも歴史感覚というのは、この感覚のことを言うのです。歴史を学ぶ、というのは、知識を学ぶことでなくて、違う時代を実感するという感覚体験のことです。歴史感覚ですよね。ランケからフリードリヒ・マイネッケにいたるドイツの歴史学は、そういう学問を志向していました。ドイツでは歴史主義と言いますけれど、歴史主義は二一世紀に生きているわれわれが別の世紀に飛躍できる感覚です。その歴史的感覚による歴史学を歴史主義と呼んでいるのです。

だんだん時間が迫ってきましたので、最後の六番目に入ります。この一から六を体験することが、シュタイナーにとってはオカルト体験であり、秘儀に参入することなのです。だからシュタイナーにとっては、究極の内容を語ってくれているのです。

それで第六の道は、どんなことにも「意味を感じ取る」ことです。それが最後なのです。どんなことにも意味があるというのです。その意味を自分で見つける感覚、それを「意味を感じ取る」と言っています。これも日常行っていることですが、日常の体験の中に意味を感じ取ることが、オカルト的にどんな意味があるのかというと、実は私たちは、どんなときにも、ひとりではないのです。自分の部屋に閉じこもって、たったひとりで居る、と思っていても、たったひとりではないのです。そのたったひとりではないという感覚を、シュタイナーは第六の道として、どんなところにも意味を見出す課題として挙げています。

たったひとりでいるときでも、ひとりじゃないという感覚。一番簡単な場合を考えれば、私たちは自我で日常を生きていますけれど、その自我は何をしているのかというと、今体験していることを記憶にしています。今体験していることを記憶にしているという作業を、自我は毎日毎日やってくれています。そうするとどうなるかというと、次の日になります。次の日になると、前の日のことは記憶として残っていますから、その前の日の記憶が次の日のひとつひとつの体験の環境になって取り巻いてくれているのです。記憶は取り巻いてくれている、というのです。だからひとりで自分の部屋に閉じこもっていても、その人に記憶がある限り、記憶が取り巻いてくれているので、孤独ではないのですね。その記憶は生きているのです。生きて、どんな所にも意味を見つけ出してくれているのです。大切なのは、これを意識して体験することです。あっ、自分は今退屈しているな、と思ったときが大切なのです。退屈ってこんなふうなんだ、と思った途端に、その退屈は意味を持ち始めるのですね。対象化できるということは、思考の対象にしていることであり、意味を見出すことなのです。

シュタイナーがよく言っているように、記憶とは考えることの結果です。考えるから記憶に残るのです。考えずにやっていることは記憶に残りません。朝、家から外に出るときに、家のドアの鍵をかけて外に出るとします。そのときに他のことを考えながら鍵をかけて外に出ると、たった今、鍵をかけたかどうか、ぜんぜん憶えていないので、しょうがないから引き返して、鍵をかけようとするとすでにかかっていた、というような場合です。考えないでいると、記憶に残らないのです。考えてやったことが記憶に残るのです。そしてそこに意味が結びつきます。意味が結びつくと、退屈になりません。退屈で退屈でしょうがないことを対象化すると、退屈でしょうがないとはこういうことなのだ、と思考が考えてくれるので、意味が出てくるのです。どんな場合にも、そういうポジティブな意味を見つけようとする作業が、シュタイナーにとってのオカルト体験の最後の道です。

以上、六つの道を生きてくれれば、戦争中でも、生きていることの意味が見えてくる、とシュタイナーは言いたかったのだと思います。

今日の話は以上で終わらせていただきます。どうもありがとうございました。

質問への返答

i

今のご質問は、カミとヒトとの関係をもう少しまとめて、結論ではなくても、イメージできるように話してくれ、ということだったと思います。

かなり前に仏教書で印象に残ったことがありました。それは霊的な存在たちが、この世に人間となって生まれて、修行したいと思って、この世に生まれてくる、という話です。神様が人間のために在るのではなくて、人間が神様のために在るという感じの話でした。もちろん仏教書ですから、霊的な存在とは書いてありませんでしたけど、一方に人間がいて、もう一方に神様が単数か複数かいるのではなくて、神様も人間になれるし、人間も神様になれるという関係を述べている、と思いました。

ですから私たちの中に、シュタイナーの言葉で言えば、キリスト衝動、東洋の言葉で言えば「性起《しょうき》」が働いているとき、ヒトが道具となってそのカミの役に立っていると見てもいいし、その場合はヒトがカミの道具ですが、でもヒトがカミと同じ役をしている、例えば自分を完全に無にして、何かのために働いている場合もありえます。そのような神々しい姿もヒトと無縁ではありません。その場合、ヒトはカミの道具ではなく、ヒト自身がカミの役割を果たしています。

今日は、ふたつのものが存在するときに、区別するのではなく、ふたつがいかに結びついているかを、仏教で言う相即相入を、カミとヒトを通して話したいと思いました。カタカナでカミ、ヒトと書くと、何か関係が近くなるような気がしたのです。カミならおカミさんにもなれるし、江戸から見ると、京都はカミです。カミがたです。ヒトはヒトで、考える、つまりカミにかえる（カミガエル→考える）ことも、カミワザを発揮することもできますし、ヒトデナシにもなります。そのカミとヒトとの関係は論理的に空間的に区別するというよりは、やっぱり融合し合っていると考えるべきなのではないかと思いました。

でも井筒さんのように、アラーの神と人間はまったく別のもので、ご主人様と奴隷の関係だと言われちゃうと、人間を奴隷にしておいて、神様はどう思っているのだろうと余計なことを考えてしまって、結局すべてを全部人間の次元での問題として処理しようとしちゃいますよね。だから主人も奴隷も、まったく物質であるこの世のことなのに、神と人間との関係の比喩としてそれを使うというのは、ぜんぜん納得できなかったりしています。そういう個々の例は、そこから結論を出すためにあるのではなく、その都度その都度どう感じるかの問題なんだろうと思います。

ii

基本的には、私たちは人間なので、ヒトの立場を離れることができないと思います。だから草木国土悉皆成仏というのは人間の言葉だと思っています。でも、すべては関係の上に成り立っているので、逆に言えば、草木国土が人間を成仏させてくれるのかもしれません。その場合は一切衆生悉有仏性です。でも私たちの立場は人間の立場でしかありませんので、どこまでも人間として植物や鉱物とひとつになることに大きな喜びを感じる、と言えるだけですよね。そういう関係性の上に一人ひとりが立っているのだと思います。

iii

聖書の「マタイ伝」第六章には、カミとマモンの対比が出ています。マモンというのはお金の神様ですよね。カミとマモンとが同時に存在することはありえないと書いてあったことが印象に残っています。マモンというお金の神様と人間とが決定的に違うのは、お金には寿命がないですから、言ってみれば永遠の存在です。その永遠の存在であるマモンに寿命を与えようというのが、ケインズの『雇用、利子および貨幣の一般理論』に紹介されているゲゼルの思想だったのですね。でも僕は、ここまで金融資本主義がグローバルに全世界を支配し続けている中で、剣の支配を聖杯の世界に変えるには、お金の価値をあれこれ考えるのではなくて、ベーシックインカムしかないと思っています。お金で人間の尊厳を守る、という方向での聖杯としてのベーシックインカムです。

ご承知だと思いますが、シュタイナーの社会についての考え方は、社会の土台に精神生活があって、その精神生活をより生きやすくするための法と経済がその上にあるのですけれど、今の時代の精神生活は、法・国家生活に適応する手段にすぎず、もっぱら法生活と経済生活が互いに権力を奪い合おうとしている感じですね。

以前、学生の頃、青年共産主義同盟とかというグループに入って、毎週一回マルクスの本の勉強会に参加していましたが、まだ精神の尊厳は認められている感じでした。でも今は、日本の精神生活の一番大本である教育も、日教組が精神生活を法生活や経済生活の中に組み込んでしまい、戦後は教育委員会という法生活と、日本教職員組合という経済生活で日本の教育界が指導されています。その荒廃した現れがいじめだと思っています。

例えば、戦前の日本は、非人間的でひどい社会でしたけれど、少なくとも教員養成はしっかりしていて、小学校中学校の先生になろうという志を持っている人は、師範学校で子どもに対する向き合い方とか、教室の中の生徒と先生の関係とかは、徹底的に学習した上で、教壇に立ったのですね。だからともかく、いじめに対しては真剣に向き合いました。いじめがあったら、必ずクラスのひとりが、そんなことをするなよ、先生に言いつけるぞ、というのが決まり文句でした。そうすると先生は、いじめる子どもに対して個人的に指導を始めるわけです。先生はいじめる子どもを自分の助手にして、このクラスを最高に楽しいクラスにしようよ、みたいなことを言います。君が僕を手伝ってくれれば必ずそうなるから、みたいなことを言うと、いじめっ子の方も態度を変えて、自分のクラスの空気を明るくしようとし始めます。その辺のことを先生は師範学校でテクニックとして学んでいるわけです。だから先生は聖職者なのです。今の先生方は大学で知識だけを学習して、ただ資格だけ取って先生になるので、学校で教えることを聖職だとは思っていませんよね。むしろ頭脳労働者だと思っています。

何かそのあたりを考えるのに、シュタイナーの社会思想の根本、つまり社会の土台は精神生活であり、その精神生活を支えている土台は教育であり、教育を支えている土台は先生なのだ、という教育の根本に、もう一度立ちかえる必要があるのではないでしょうか。今の学校教育の荒廃ぶりは、すごく残念ですよね。とにかく大人が子どものために最高の環境を用意した結果が小中学校のはずですから、今の大人は子どもに最高の教育環境を与えようとは思っていないのですね。そもそもその根本から今の教育は狂っているような気がします。先生が教育委員会という法生活なんかに報告する必要はまったくないはずなのに、報告をすることで大事な時間をうばわれています。教育委員会の基本は法生活ですので、教育委員会には教育理想への情熱みたいなものはどこにも見出せません。これが今の日本の最大の問題だと思っています。

iv

鉱物というと、石のことを考えてしまう、とのことですが、（当講演会場の）後ろの方に岩波文庫でシュタイナーの『ニーチェ』の本が並んでいますけど、あの表紙を飾っているのは鉱物ですよね。雲が空に浮かんでいて、大きな湖があります。ですから石と考えないで、大地と考えたらいかがでしょうか。大地に包まれて生きているわれわれですので、われわれにとっての鉱物界はやっぱり母なる大地だと思います。

V

悪の問題をシュタイナーが融合と結びつけているのは、僕にとってはすごく新しい考え方でした。あの本（『オカルト的な読み方と聴き方』）を読んではじめてそういう考え方があることに気がついたのです。別の言い方をすれば、人を支配しようとするときに悪が生じる、とも言っているようです。だから権力と結びつくとき悪が生じるのだと思いました。でも人を支配しようとしない限り、人間関係は融合という方向で互いに相手のことを分かり合おうとします。そういう人間関係なら、もちろん最高にいいことだと思いますけれど、その最高にいい状態の中で、一度相手を利用しようと思い始めたら、その最高の関係が、途端に悪の関係に変わってしまう、ということが問題なのだと思います。もっと言えば、善と悪は紙一重の関係だということだと思います。どこが違うかを、シュタイナーは、自分が偉いと思い込むことと、それによって自分が権力を、つまり相手を左右する力をもとうとすることの方に心が動いたときに、最高の道徳である融合が悪に変わるというのです。

＊

最高の善とは、ひたすら相手のことを思うことだと思います。自分のこと以上に相手のことを思うというのが、今日の六つの道の根底にある道徳だと思うのですが、自分のこと以上に相手のことを思うその気持ちが、ちょっと油断すると、相手の弱みにつけ込むという方向に行きかねない、ということなのですね。相手の弱みにつけ込もうと思った瞬間に、自分を相手よりも上に見るとか、自分にはそうする権利があるとか、何かそういう理由づけを自分の中に見つけてしまうのですね。自分でも分からないくらい、善意と悪意は紙一重だということなのですが、善と悪は、ぜんぜん違うものだ、というのが普通の考え方ですよね。

＊

このごろニュースを見ていると、そういうニュースが多いですね。愛している人を殺してしまったり。気がつかないうちに心の病にかかっている、ということがあると思います。誰でもどこかでそういうことが生じることがありうると思います。自分は駄目な奴だと思い込んでいると、けっこうそういうときの予防になるかも知れません。自分は偉くて、本当だったらもっといい境遇に居てもいいはずなのに、どうして今こんな生活をしているのだろう、というのは最悪ですよね。でも、自分が偉いと思っていると、そっちの方に行きかねません。仏教がすごいのは、自分が駄目な奴だと思いなさい、と言うのです。天台宗を興した最澄自身も、自分は最低な奴だとどこかに書いています。今は小学校以来、全部採点で成績を決めますよね。小さい子どものときから数で優劣をはっきりさせる、というのは最低ですよね、教育として。人間の内面を点数で格付けするなんて、出来るはずありませんものね。

（第一七回高橋巖講演会　日本人智学協会関西支部・昴）

訳者あとがき

計り知れない過去からの力が、今私たち一人ひとりのなかに働きかけてくる。遠い、そして近い過去からの、さまざまな委託を受けて、今のこの現実が、一人ひとりの中で生きている。そしてその委託の一つひとつが、バガヴァッド・ギーターとなり、パウロの書簡となって、または本書『バガヴァッド・ギーターとパウロの書簡』となって、私たちの眼の前に現れている。私たちはそれを学び、感動する。ということは、私たちの潜在意識の中に組み込まれている、計り知れない過去からの委託が、意識の中に顕在化した、ということなのだ。私たちは、その委託によって可能となった自己認識を、本との出会いによって体験させてもらっている。だからこの体験が生じたとき、私にとってバガヴァッド・ギーターもパウロの書簡も、私のもの、私のギーター、私のパウロになる。

筆者は自己認識の本質を、ルドルフ・シュタイナーから以上のような歴史感覚として学んだ。特に本書『バガヴァッド・ギーターとパウロの書簡』では、そのような過去からの委託がどのページからも伝わってくる。

第一講でシュタイナーは、一九世紀までのヨーロッパ精神は古代ギリシア以来の精神の流れと深い関係をもってきたが、今、新しい時代を迎えて、唯物論的＝合理主義的な立場（彼はそれを「技術と産業と営利主義」とも呼んでいる）の支配を脱するために、新しい霊の学が必要になった、と主張している。そして、ヴェーダ、サーンキヤ哲学、ヨーガの三つの精神の流れが、時代のこの要求に応えるかのように、「ギーター」の中で見事な有機的統一を示しているので，彼の『神秘学概論』の思想と「ギーター」の思想とは、「全体としてだけでなく、個々の場合においても、通じ合っている」（二七頁）ことに注意をうながしている。

第二講ではサーンキヤ哲学の内容がくわしく語られ、「こんにち霊学認識を通して暗い霊界の奥から現れてくるものが、すでにあの古い時代に、別の手段で獲得されていたのです。このことは、人類精神の進化上のもっとも驚嘆に値する事実ではないでしょうか」（五九頁）、と述べている。

圧倒的な印象を与える第三講で、クリシュナは弟子アルジュナにこう語りかける。「お前がパンドゥ家の一員であるのか、それともクル家の一員であるのかはどうでもいい。……お前はパンドゥ家の一員であるかのように、パンドゥ家のために働くことができるし、クル家の一員であるかのように、クル家のために働くこともできる。大切なのは、そういうことがお前を一喜一憂させないことだ。」（九七頁）

ここはパンドゥ家を東洋思想、クル家を西洋思想と読みかえることも、当時烈しく対立していた神智学協会と人智学協会とにあてはめることもできる。同じ頁では「自分の行為の傍らで内的に平静に生きる」ことを教え、さらにその次の頁でのシュタイナーは、まるで人智学協会を立ち上げなければならなくなったときの自分の心境であるかのような言葉を述べている。「私の手がやったこと、私の口が語ったこと、それを私は、山肌の岩がはげ落ちて、谷底へ落ちていくのを見るときと同じように、客観的に見ている。」（九八頁）

同じく第三講では、シュタイナー自身の見方、考え方を「ギーター」に託していろいろ語られているが、もっとも重要だと思えるのは、「ギーター」の神クリシュナについての次のような言及である。「クリシュナは人間一般です。というか、人類そのものです。人類そのものがひとりの人間としてイメージされているのです。」（九一頁）「そのようにして人間は、クリシュナを仰ぎ見ることで、同時に自分自身の最高の自己をも仰ぎ見ます。しかも同時に、他者の最高の自己をも仰ぎ見るのです。」（九二頁）

第四講からいよいよ、現代という、闇の時代の中で、シュタイナーの言う「技術と産業と営利主義」の時代という、地球そのものが人間の手でいつ破滅させられるか分からなくなってしまった時代の中で、どうすれば神と出会うことができるかという、われわれにとってのもっとも切実な問題が「ギーター」と「パウロの書簡」との関連の中で論じられる。

まず第四講の冒頭では、「ギーター」の立場を、⑴生活、仕事から自由になる、⑵魂の沈潜、⑶魂の純化、⑷クリシュナとの合一として、パウロの立場を、⑴復活、⑵信仰、⑶罪人（孤独）への恩寵、⑷魂の中のキリスト衝動として、それぞれ四分化されたプロセスとして、対比されている。第三講の最後を飾る圧倒的なクリシュナとの合一体験と、現代における、ほとんど目立つことのない「私ではなく、私の中のキリスト」（パウロ）体験とが、こういう二つの精神の流れとして対比されている。そしてシュタイナーは、後者の未熟さ、不完全さを自分の中に見ることで、謙虚であることを現代のわれわれの理想にするように、と訴えている。

最後の第五講では、「ギーター」の性善説と「パウロ」の性悪説が対比される。訳者はこれを山に登る立場と、山などないとする立場との対比だと受けとった。大切なのは、現代人の「山に登るひまなどない」、言い換えれば『神秘学概論』など読むひまはない」、を自分のこととして引き受ける立場である。そして、神の下では人間のどんな優劣も意味をもたないことが、「コリントの信徒への手紙」一の一二章の言葉を引用して、強調されている。いわば山を登るギーターと平地にとどまるパウロとを、共に時代の課題を引き受ける立場の相違として、両者を同じように肯定しながら、対比している。そして実は両方ともまったく同じように、現代の大切な立場なのだということ、実はいつでも、どこでも、山と平野が眼の前に広がっているということを、「自己認識と謙虚であること」という二大理想の風景として明示することで、全体を終えている。

ここで突然、まったく別の事情に話題を転じなければならない。シュタイナーの講義録が活字になって、われわれの手に届くようになった事情にである。ドイツ語のシュタイナー全集には、論文ではなく、シュタイナーが自由に語った講義録の場合、以下のような一文がつけられている。

「〈ルドルフ・シュタイナーの講義録を世に問うにあたって〉――人智学に基づく霊学の基礎をなすのは、著作であるが、それと並んで、一九〇〇年から一九二四年まで、彼は数多くの講演と講義を、公開講演として、そして神智学（後には人智学）協会のメンバーだけのための講義として行った。彼はもともと、自分のまったく自由に語った講演、講義の内容については、ノートに写すことさえ望んでいなかった。それらは〝口頭で語られ、印刷されることを考えずに行ったもの〟だったからである。しかし、受講者の不完全な、間違いのあるノートが集められ、広められるにつれて、彼はそれらのノートをあらためて整理し直す必要を感じた。この仕事を彼は、マリー・シュタイナーに託した。彼女に託された仕事は、ノートをとる人を選ぶこと、ノート類を管理すること、出版のためにノートの校正をすることだった。彼自身はそうする時間的余裕がなかったので、すべての講義録には、以下の但書きがつけられた。――〝私が眼を通していない原稿に誤りが見出せるのはさけられない。〟」

この連続講義の校正者としてのマリー・シュタイナーの思いは、本書の一九二五年の初版のための彼女のまえがきにもはっきり表現されている。――「一九一二年のクリスマスに、ケルンで、ドグマ化されたインドの潮流の中に沈んでしまうことをいさぎよしとしないで、近代の精神生活の成果と、キリストの出来事によって地上に与えられた過激な事件とをふまえて、こんにちのヨーロッパ人の進歩状況に応じた西洋のための霊的修行だけを認めることのできた神智学的精神方向の仲間たちによる最初の公的な集まりがケルンで行われました。」

この共感というよりも、むしろ反感の力で集まらざるをえなかった人たちを代表したマリー・シュタイナーが『バガヴァッド・ギーターとパウロの書簡』の不十分なノートを校正してまとめられた内容が、第四講と第五講の内容に、本来のシュタイナーの意図に反するようなニュアンスを与えている、と筆者は勝手に推測している。今年の正月から三月になるまで、第四講、第五講を原文通りに訳すことが正確にシュタイナーの真意を伝えることになるかどうか、あれこれ考えてきた。そしてやっと直訳ではなく、超訳で世に問うことに決めた。もちろん文責はすべて訳者が負わなければならない。

冒頭で述べたように、シュタイナーから学んだ私の歴史感覚に依れば、歴史上の何事も、私自身の個人史上の事柄でも、時代の所為《せい》にするわけにはいかない。成功も失敗も、かけがえのない事件であり、絶対に通じている。古代も中世も近代も、二度と繰り返されることのない事実の連鎖によるものである以上、いかなる意味でも、誰かが自分の立場に立って優劣を判定するわけにはいかない。かけがえのない、一回限りの出来事であるなら、そこに感情移入し、そこを「私の今」として体験するしかない。少くとも精神の流れであるならば、である。私はそのことをシュタイナーから、過去からの委託に応える唯一の態度として学んだ。第四講で、水滴のような魂と火焔のような魂の対比を図に示したあと、シュタイナーはサットヴァ意識、ラジャス意識、タマス意識の問題に移り、この三つの意識が時代意識となって次々に、過去三千年の歴史の流れの中から立ち現れてくる、と述べているが、しかし、今、歴史に向き合うわれわれ一人ひとりのなかには、サットヴァの自分、ラジャスの自分、タマスの自分がいつでも同居している。

　先ほどの内面風景で語るなら、サットヴァ意識は、山々が聳え立つ山嶽風景のようだ。その土地にいる私が山に登り、頂き近くなると、すばらしい展望が開ける。ギーターはそれを「ヨーガ」と呼んでいる。いわば「いかにしてより高い世界の認識を獲得するか」である。一方、タマス意識は、どこにも山が見当たらない平地を生きている。山の代わりに、いたるところに深淵が横たわっている。そこに住む人は誰も、新しい展望など求めてはいない。どんな人の意識も、同じレベルの中で悪戦苦闘している。その平地の意識のために、「パウロの書簡」が、「キリスト衝動つまり愛」を伝えるために書かれた。だから本書『バガヴァッド・ギーターとパウロの書簡』は「AとB」を対比して、その優劣を論じているのではなく、私の中のかけがえのないAとBを教えている。

　以上のような思いが第一講から第三講までの間、強く呼びおこされていたので、第四講と第五講の中で時折顔を出す優劣の感覚に出会うと、忠実に直訳することができなかった。文体そのものが、そのときだけ違っているようにさえ思えたので、いわば超訳することによってしか、シュタイナーの真意が伝わらないように思えた。でもこれは、あくまでも訳者の主観である。直訳したらシュタイナーに申し訳が立たないのではないのか、そういう悩みを抱えて翻訳した経験は、これまで一度もなかったので、「あとがき」に記させていただいた。

　もうひとつ、告白しなければならないことがある。以前、もう何十年も前のことだが、雑誌『現代思想』にエッセーを連載させていただいたことがあった。あとで『神秘学序説』としてまとめられたが、その頃ドイツ・ロマン派、特にノヴァーリスに夢中になっていたので、フリードリヒ・シュレーゲルやヴィルヘルム・フォン・フンボルトが『バガヴァッド・ギーター』を現代にとっての最高の書として絶賛していたのを知り、「バガヴァッド・ギーター」を二回に分けて論じた。そのとき、まず本書から問題の本質を学ぼうとしたのだが、当時はまだドイツ語で読むしかなかったので、大学ノートに和訳しながら、感想を書き加えた。そのせいで、と私は信じているが、私の地の文に本書の半頁分がまぎれ込んでしまった。本書の九八頁のところ、『神秘学序説』の九二頁のところである。あの二つの論文の題名は本来、「シュタイナーから見たバガヴァッド・ギーター」とすべきだったのに、そのことを明示することなく、再版することなしに、今日まで来てしまった。そのことは、ずっと心に傷となって残っている。

本書は春秋社編集部の高梨公明さんと京都在住の飯塚立人さんの絶大な協力の下にまとめられた。両氏がいなければ、本書は出来上がらなかった。付録の「カミとヒト」もお二人のおかげで日の目を見ることができた。お二人に心から感謝しております。

最後になってしまったが、「ギーター」の和訳では、田中嫺玉女史の訳文からもっとも深い感銘を受けたので、第三講終わりのもっとも重要な引用は、田中嫺玉訳をそのまま引用させていただいた。いつも同女史訳の『神の詩　バガヴァッド・ギーター』（TAO LAB BOOKS）を手元において読ませていただいている。

高橋　巖

二〇一七年三月三〇日

プロフィール

ルドルフ・シュタイナー（Rudolf Steiner）
1861年、旧オーストリア帝国クラリィェベックに生まれる。1925年、スイス・ドルナッハにて死去。ウィーン工科大学にて自然科学・哲学を学ぶ。ベルリンで文芸関連の編集者や労働者学校の教師をつとめ、各地で講演活動を行う。1902年、神智学協会ドイツ支部書記長に就任。1913年、神智学協会を離れ、人智学協会を設立。第一次世界大戦後の1919年、タバコ工場主エミール・モルトの依頼を受けて、従業員のための学校をシュトゥットガルトに設立、最初の自由ヴァルドルフ学校となる。人智学にもとづいた新たな社会形成の必要を説き、その影響は、教育（自由ヴァルドルフ学校）、農業（バイオダイナミック農法）、銀行、医療、芸術等、広範囲に及ぶ。主著に『自由の哲学』『神智学』『いかにして超感覚的世界の認識を獲得するか』『神秘学概論』がある。

高橋　巖（Takahashi Iwao）
東京に生まれる。1957年よりミュンヘンでドイツ・ロマン派美学を学び、その過程でシュタイナーの著書と出会う。1973年まで慶應義塾大学で教鞭をとり、70年代からシュタイナーとその思想である人智学の研究会や翻訳の活動に入る。1985年、日本人智学協会設立、現在に至る。訳書に、『自由の哲学』『シュタイナー・コレクション』全７巻（以上、筑摩書房）、『ニーチェ　みずからの時代と闘う者』（岩波文庫）、『シュタイナー　魂について』『シュタイナー　死について』『シュタイナー　悪について』『シュタイナーの言葉』（以上、春秋社）ほか、多数。著書に『神秘学講義』『シュタイナー　生命の教育』（角川選書）、『シュタイナー哲学入門』（岩波現代文庫）、『ディオニュソスの美学』（春秋社）など。

シュタイナー　根源的霊性論
バガヴァッド・ギーターとパウロの書簡

2017年4月25日　第1刷発行

著　者＝ルドルフ・シュタイナー
訳　者＝高橋　巖
発行者＝澤畑　吉和
発行所＝株式会社　春秋社
〒101-0021 東京都千代田区外神田2-18-6
電話　(03)3255-9611（営業）
(03)3255-9614（編集）
振替　00180-6-24861
http://www.shunjusha.co.jp/
印刷所＝株式会社　太平印刷社
製本所＝黒柳製本株式会社
装　丁＝本田　進

ISBN978-4-393-32546-9 C0010　定価はカバーに表示してあります。

高橋　巖［訳］

ルドルフ・シュタイナー著作選

シュタイナーの言葉

かけがえのないいまを生きるために…。自己に目覚めつつ、感受性を磨き、魂を鍛える方途。シュタイナーの統一的な全体像がよくわかる78の主題と変奏。編集＝飯塚立人　２５００円

シュタイナー　魂について

危機の時代の闇を生きる故郷喪失者たちへ、新たな光に向かう魂の在りようを生涯にわたり語り続けたシュタイナー。近代の本質を見据える思想家が真正面から論じた魂論。　２８００円

シュタイナー　死について

死者と生者をつなぐ新たな言葉を希求する真摯な眼差し。第一次世界大戦の渦中で、のこされ仲間たちに語った講演録と、死をめぐる断章を収めた本邦初訳のアンソロジー。　２７００円

シュタイナー　悪について

「私たち人間はみな悪魔です」と語り、現代を悪の時代とみるシュタイナー。技術と産業と営利が結び、唯物論的勝利者史観が跋扈するさなか、人間の未来はどこへ向かうのか。　２８００円

社会の未来　シュタイナー　一九一九年の講演録

敗戦とナチス台頭の狭間のドイツで、プロレタリアたちとともに現代人の真の生活要求に応える新たな社会関係の実現を志向した思索の結晶。現代ベーシックインカム論の源流。　２４００円

シュタイナー　社会問題の核心

生きていることとは労働である。人間の尊厳のための第二の身体として社会を構想する「社会有機体三分節化」を論じた注目作。精神生活との新しい関係を照射する社会意志論。　２４００円

シュタイナー　ヨハネ福音書講義

なぜイエスは「共同体を超えた愛」を説いたのか。異色の福音書を神智学の宇宙史的な意識進化のヴィジョンの下に読み解き、イエス・キリスト出現の意味を明かした名著。　２５００円